求真·唯善·致美

城市轨道交通工具设计研究

CHENGSHI GUIDAO JIAOTONG GONGJU
SHEJI YANJIU

姚善良等 著

九州出版社
JIUZHOUPRESS

图书在版编目（CIP）数据

城市轨道交通工具设计研究 / 姚善良等著 . — 北京：
九州出版社，2017.6（2024.8重印）

ISBN 978-7-5108-5452-1

Ⅰ . ①城… Ⅱ . ①姚… Ⅲ . ①城市铁路—轨道交通—
交通工具—设计—研究 Ⅳ . ① U239.5

中国版本图书馆 CIP 数据核字 (2017) 第 144058 号

城市轨道交通工具设计研究

作　　者　姚善良 等 著
出版发行　九州出版社
地　　址　北京市西城区阜外大街甲 35 号（100037）
发行电话　（010）68992190/3/5/6
网　　址　www.jiuzhoupress.com
电子邮箱　jiuzhou@jiuzhoupress.com
印　　刷　三河市宏顺兴印刷有限公司
开　　本　700 毫米 × 1000 毫米　　16 开
印　　张　12
字　　数　187 千字
版　　次　2017 年 8 月第 1 版
印　　次　2024 年 8 月第 3 次印刷
书　　号　ISBN 978-7-5108-5452-1
定　　价　40.00 元

前　言

　　随着我国经济的持续快速发展，交通拥堵、环境污染、生态失衡等问题日益严重。轨道交通作为解决上述问题的手段之一，是人类社会和谐发展的重要方式。目前，我国轨道交通工具的运行密度和利用频率已位居世界前列，其产业已经成为国民经济发展的重要支柱，我国轨道交通工具的设计与制造亦将随之步入一个快速发展的新时期。

　　轨道交通作为交通工具的一个重要分支，依托科技发展而不断改进，轨道交通工具设计也应总结经验、与时俱进。目前国内关于轨道交通的技术书籍较多，而专门针对轨道交通工具进行设计研究的书籍则较少。设计教育的快速发展，使得高层次设计人才培养的格局不断更新，轨道交通设计亦应跟上设计教育的发展脚步。上述诸因为本书撰写提供了需求。

　　本书在收集分析大量国内外相关文字和图片资料的基础上，立足于详尽的设计调研，结合有限的设计实践，结合当下产品设计具体理论，从真、善、美三个角度切入研究，提出人机求真、用户唯善和设计致美的观点，分别对应现代地铁车辆工业设计所包含的三个核心内容：驾驶室内设计、车厢内饰设计以及整车外观设计。

　　全书从总体到局部，首先阐述了轨道交通工具整体形象设计，包括车身外轮廓、车身材料以及车身表面涂装设计等。其次，立足剧本导引设计法和用户研究法，对车厢内饰设计进行论述。最后，结合我国成年人的人体尺寸、相应的标准以及实际案例，对我国轨道交通工具驾驶室的人机工程设计进行了较系统的研究。

　　本书可作为高等院校工业设计和产品设计专业本科生、研究生相关课程的教材，也可作为轨道交通工具类企业设计人员的参考书，并且对广大设计爱好者的自学也有一定的帮助作用。

目录

CONTENTS

第二部分 设计致美：城市轨道交通工具整体形象设计

第一部分 和谐之轨：城市轨道交通工具

第1章 城市轨道交通工具概述

1.1 城市轨道交通工具类型

世界公认的公共交通运输方式有轨道运输、公路运输、水路运输、航空运输、管道运输，它们共同构建了当代综合交通运输体系。轨道运输是包含了运行于轨道上、由多节车辆编组、提供交通出行服务的客车运输系统。轨道交通是公认的高效率、快捷、安全、大容量、低能耗、低污染、价格合理的公共交通系统。[1]

所谓"轨道交通"，就是以轨道作为承载支承和导向约束的一种交通运输方式，一般人们俗称为"铁路"。目前，世界上绝大多数的轨道交通都是采用两根钢轨，极少数特殊场合也有采用一个单独的轨道梁（如我国重庆市的独轨交通）。磁悬浮交通车辆静止时支承在轨道梁上，运行时则依靠磁力作用悬浮在轨道梁上，但仍以轨道梁作为运行的导向约束，因此也可视为轨道交通的一种特殊形式。[2]

城市轨道交通是一种独立的有轨交通系统，可以按照设计能力正常运行，在节约资源的前提下，提供环境舒适、节能减排以及安全快捷的大容量运输服务，并且与其他交通工具互不干扰，具有运量大、服务水平高以及资源环境效益显著的特点。

---

① 张峻霞，王新亭. 人机工程学与设计应用 [M]. 北京：国防工业出版社，2010.

② 刘友梅，陈清泉，冯江华等. 中国电气工程大典 [M]. 北京：中国电力出版社，2009.

城市轨道交通有多种类型，常见的轨道交通工具包括动车组、地铁（图1-1）、轻轨（图1-2）、有轨电车（图1-3）、磁悬浮列车等。

图 1-1 地铁车辆　　　　　图 1-2 轻轨车辆　　　　　图 1-3 有轨电车

1.2 城市轨道交通工具发展历史

城市轨道交通工具发展历史大致可以分为四个时期，即蒸汽机车时期、内燃机车时期、电力驱动列车时期以及高速列车时期。

1.2.1 蒸汽机车时期

促使轨道交通工具发展的是蒸汽机的发明与应用，作为工业革命时期的一大发明，蒸汽机车开辟了近代运输的新纪元。蒸汽铁路发明于 19 世纪。1804 年，英国发明家理查德·特里维西克设计制造了世界上第一台行驶于轨道上的蒸汽机车，取

图 1-4 新城堡号

名"新城堡号"（图1-4）。1830 年，在英国利物浦至曼彻斯特之间开始了第一条城市间铁路服务。伦敦在 1838 年开放了第一条市郊路线以后，在 1840 到 1875 年之间实现了大批市郊线网建设。[1]1863 年 1 月 10 日，伦敦最先开通了地铁，达成了将蒸汽列车引入市区中心的梦想。1868 年，查尔斯·T.哈维（Charles T Harvey）在纽约城的格林尼治

图 1-5 东风型内燃机

（Greenwich）街建造了一条由电缆牵引的高架线，但在经济上这项投资并不成

①毛保华.城市轨道交通 [M].北京：科学出版社，2001.

功。1871 年，新管理者将它改造为由一台小的、被称为"傻瓜"的蒸汽机车牵引。1892 年，芝加哥开放第一条高架线，此时列车仍由蒸汽机牵引，但该线路不久就被拆除，主要是因为该设计不令人满意，排气和噪声都非常大。美国在 1870 年由阿尔福莱德·阿里·比奇（Alfred Ely Beach，"科学美国"的创始者）在纽约建设

图 1-6 东方红型内燃机车

开放了第一条地铁线路，该线由气压驱动，运营四年，蒸汽机车的速度最大可以达到 110 km/h。

蒸汽机车具有结构简单、造价便宜、使用成本低廉、维修保养以及驾驶都较易掌握的优点。缺点是其热效率低、燃料消耗需要大量的供煤给水设备、机车乘务人员的劳动强度大、条件差并在运输途中会对环境造成明显的污染。因此随着车速的提高以及铁路运量的增大，蒸汽机车慢慢就不能适应现代铁路的运输要求了。

1.2.2 内燃机车时期

德国人奥托于 1866 年设计了"内燃机"，随着内燃机的快速发展，铁路机车设计者开始将内燃机应用于铁路。1894 年，德国制造出了世界上第一台内燃机车，该车以柴油作为燃料，是一种没有大锅炉的新型机车。20 世纪 20 年代，内燃机开始投入运用，主要是从事调车作业。到了 30 年代后期，内燃机车开始运用于干线客运。1958 年，中国开始制造内燃机车，第一批是东风型（图 1-5）和东方红型内燃机车（图 1-6）。

内燃机车的优点是启动迅速、加速快，不仅马力大，而且能较好地利用燃料的热能，因此节省燃料；缺点是其构造复杂、环境污染大，此外其制造、维修以及运营费用都比较大。

1.2.3 电力驱动列车时期

1890 年，伦敦最先开通了第一条由第三轨电力驱动的地铁，开启了电力驱动列车时代。1895 年 5 月 6 日，芝加哥最先运营世界上首条电力高架线，该线路用一台带有电机的机车，牵引一到两台无动力的拖车。格拉斯哥于 1896 年 12 月开通了一条由电缆驱动的长为 10.6 km 的地下环线。1897 年 9 月 1 日，Tremont 街上的电车路线投入运营。华盛顿营建了美国第二条由电力

驱动的地下铁路，其隧道一直到 1987 年才被取代。波士顿 1904 年修建了连接东波士顿的隧道，穿过查尔斯河、连接剑桥的一条新线也在 1912 年投入运营，它就是现在的红（Red）线。

1.2.4 高速列车时期

高速列车时期的到来源自于动车组的出现。芝加哥南部政府在 1897 年时，做出了将高架铁路电气化的决议，工程技术专家斯卜拉格签订合约，并独创了每辆车均配有电机，但全部都只由第一辆车的驾驶员操纵的多单元动车系统。1897 年 7 月，他示范了由 6 辆车编组的列车，并通过让自己 10 岁的儿子驾驶列车证明了列车操作的容易性。动车组由此诞生，并在欧美等国家迅速发展。

截至目前，几乎世界上所有的地铁车辆都采用该驱动系统。动车组的出现对于铁路的发展具有非凡的意义，由于每辆车都有动力，因此在列车牵引力并不减少的情况下便可以增大列车编组，增加列车的平均速度，减少运营费用。2004 年，我国国务院制定了"引进先进技术，联合设计生产，打造中国品牌"的战略决策，我国轨道交通开始迅猛发展。

1.3 城市轨道交通工具发展现状

20 世纪 70 年代以来，随着道路交通污染的不断加剧，人们对环境污染危机感的不断加强，越来越多的国家和地区意识到发展大中运量轨道交通系统的重要性，与此同时，技术与经济的增长促使轨道交通在世界各地迅速发展。根据 Bushell、Knowles 和 Fairweather 等的调查资料，世界各国拥有地铁系统的城市共计 90 个，拥有轻轨系统的城市共计 105 个。

我国在 20 世纪 70 年代时仅北京、天津两个城市拥有地下铁道，长度分别是 39.7 km 和 7.4 km。80 年代中期，有少量大城市开始筹划发展轨道交通，广州第一条地铁线于 1993 年年底开工，全长 18.48 km。上海经过 30 年的规划准备，于 1990 年开始建设第一条地铁线（16.1 km 长），并于 1995 年建成投入运营。而截至 2012 年，已有北京、上海、深圳、武汉、广州等 12 个城市建成了地铁线路，开通运营的总线路长达 770 km。以长春、杭州等为代表的 11 个省会城市和以宁波等为代表的 5 个二、三线城市的地铁也都处在建设中。太原、石家庄、兰州等 5 个省会城市也已上报了地铁修建计划。北京等 10 个已有地铁的城市也已提出了扩建计划。按照预计，2015 年，北京市将形成总长

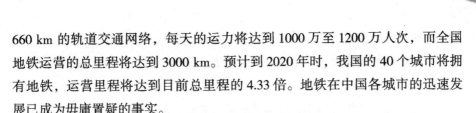

660 km 的轨道交通网络，每天的运力将达到 1000 万至 1200 万人次，而全国地铁运营的总里程将达到 3000 km。预计到 2020 年时，我国的 40 个城市将拥有地铁，运营里程将达到目前总里程的 4.33 倍。地铁在中国各城市的迅速发展已成为毋庸置疑的事实。

在高速列车领域，我国通过多年对既有铁路的高速化改造以及高铁线路建设，目前已经拥有了世界最大规模和最高运营速度的高速铁路网。资料显示，到 2010 年年底，我国运营时速在 200 km 以上的铁路，其运营里程已经达到了 7421 km。

此外，科学技术的发展使得轨道交通达到新的水平，例如无人驾驶的自动化导向交通等，使轨道交通不断出现新的系统。

1.4 城市轨道交通工具的未来

交通系统是保持城市活力最主要的基础设施，是城市生活的大动脉，制约着经济的发展。轨道交通产业由于其关联度既广又高的特点，大力推动我国国民经济的发展，同时，其建设投资带动了诸如原材料、金融、建筑等产业的发展，推进了我国居民出行、消费增长，对于扩大内需、拉动就业、满足社会需求有重要作用，直接或间接地带动了我国国内生产总值的增长。有关资料显示，轨道交通项目中，每投资一亿元，在可以带动 GDP 增长 2.63 亿元的同时还可以增加八千多个就业岗位。[1]由此可见其推动经济发展的作用不容小觑。

目前，我国轨道交通的里程和路网密度都在不断增加，线路换乘也越来越方便，导致选择轨道交通工具出行的乘客急剧增多。在 2011 年的第一季度，北京市轨道交通日均客运量占其公交运输总量的比例达到了 30.7%，而 2010 年时这一数据仅为 26.5%。轨道交通在不断发展，但是其运力和运量的矛盾也开始凸显。仍然以北京市轨道交通为例，截至 2011 年，其累计运量已经突破了 10 亿人次，高峰期的单日运量已超过了 600 万人次，而该记录随着节假日旅游的火爆和新线路的开通更是被屡次刷新。由此可见，我国现有的轨道交通规模仍不能满足我国人民的需求。另据相关资料统计，到 2015 年，北京市五环内的轨道交通线网密度已达到 0.59 km/ km²，上海已达 0.57 km/ km²。但这些

---

① 邵莉 . 浅谈城市轨道交通现状及未来发展策略 [J]. 北方交通，2012：96-98.

数字与纽约曼哈顿的 2.5 km/ km^2、巴黎核心区 2.2 km/ km^2 相比，仍相差很远，远远低于世界城市的水平。由此可见，轨道交通在我国仍有很大的市场需求量以及发展空间。

自 20 世纪 70 年代以来，以信息技术为突破口的新技术革命冲击着人们生活的方方面面，信息化的浪潮给人类社会带来了深远的影响。社会生活的联系更多地借助通信手段，无疑，未来的城市将变成智能城市，即高度信息化和全面网络化的城市。借助于互联网技术，人们在足不出户的情况下便可以进行娱乐、工作、购物等。届时，以观光、旅游和享受大自然为目的的出行比例将会显著提高。因此，与现代化生活相适应的现代化交通体系势必出现，发展以多种运量、多种形式相结合的轨道交通将是我国城市实现多层次、立体化、智能化交通体系的重要措施。因此，发展以轨道交通为骨干的公共交通网络是我国未来交通发展的必然趋势。

第2章 城市地铁车辆及其设计概述

2.1 现代地铁车辆产生及其特点

随着经济的发展和技术的进步，城市化进程加速，城市人口迅速增长，人们的出行成为一个重要的问题。城市交通是一个城市的命脉，关系着城市经济的发展，也是生命安全的通道。经济的发展使整个城市的生活节奏加快，人口流动增大。城市轨道交通由于其方便、快捷、准时的优点，成为城市主要交通运力之一，也是人们出行首要选择的交通工具。

现代轨道交通工具中最具有代表性的就是地铁车辆。地铁，英文为Metro，通常指地下铁路，亦简称为地下铁，狭义上专指在地底运行为主的城市铁路系统或捷运系统；但广义上，由于许多此类的系统为了配合修筑的环境，可能也会有地面化的路段存在，因此通常涵盖了都会地区各种地底与地面上的高密度交通运输系统，是城市交通中运力最大的一种运输方式。

1863年开通的伦敦大都会铁路是世界上首条地下铁路系统，是为了解决当时伦敦的交通堵塞问题而建。当时的地铁车辆是木制车厢，后来了为了减少火灾危险改用钢材。1953多伦多地铁车辆，开始改善，使用铝材料，从而有效地降低了车身重量。

地铁车辆是用于运送乘客的现代城市快速轨道交通车辆，不仅需要保证车辆行驶的安全、准点、快速，而且要为乘客提供良好的服务条件，使乘客乘车舒适、方便，同时还考虑对城市的景观和环境的影响。

现代地铁车辆一般具有如下特点：

第一，车辆构造上采用分散的动力布置，由有动力或无动力的动车和拖车组合而成，形成固定编组，操纵台设置在车辆两头，车体各种设备要尽量采用模块化的设计以方便检修。

第二，车辆整体重量轻，车辆通过良好的结构设计成为一个整体，主要采用大口径中空挤压铝合金型材；具有良好减震性能的悬挂系统；制动方式采用的是电气和空气的混合制动；采用自动车钩进行连接；车辆间采用通过量大的封闭式贯行通道。

第三，因为现代地铁车辆承载的是高密度、大流量的城市人群，所以必须具备安全、正点、快捷的优点，而且提供乘客在乘坐时相对舒适、安静的条件。

第四，车辆运行使用自动驾驶系统 ATO，并采用世界先进的调频压交流变频器作为主要推进力。

2.2 我国城市地铁发展

近年来，随着我国经济的快速增长和城市化进程的不断加快，城市人口和车辆不断增加，这些都造成了城市交通拥堵、环境污染等问题，阻碍了城市的进一步发展。截至 2012 年人口普查，中国常住人口前十名的城市人口数目均超过 1000 万，这样庞大的城市人口数目还在不断增长。

城市交通作为城市的命脉，如何让这些城市的血管保持畅通，是一个城市发展的关键，它关系到如此庞大人群日常生活出行、城市建设、安全问题等。随着中国经济的高速增长，城市化进程的加剧，城市人口急剧增多，交通问题日益困扰着城市的发展。为了让整个城市保持更加有序及良好的交通秩序，纵观整个世界发达国家的城市建设，我们都可以看到城市轨道交通——地铁的修建是城市发展的一个必然趋势。

从 20 世纪 80 年代中期，国家就推出在百万人口以上的大城市中逐步发展地铁交通的政策，随后在 80 年代末，国家制定的产业政策再次明确其在基本建设中的重要地位。2000 年开始，国家首次把"发展地铁交通"列入国民经济"十五"计划发展纲要，并作为拉动国民经济持续发展的重大战略，国内地铁建设以大城市与省会城市为主。

据统计，2013 年国内地铁车辆招标数量达 3137 辆，而在 2000 年中国地铁车辆采购量为 698 辆，增长达 4 ~ 5 倍之多。据业内专家表示，中国已经进入城市轨道交通快速发展期，预计建设热潮至少持续 10 年以上。地铁不再仅局限于北、上、广那样的特大型城市，为缓解交通压力，内地城市也修建了地铁，例如：成都、西安、武汉等。由于地铁的运量大、速度快、准点等显而易见的优势，人们在出行中也更加倾向于选择这种方便、快捷的交通工具，它与人们的日常出行关系越来越密切。

2.3 地铁车辆类型和编组

2.3.1 地铁车型

现代地铁车辆型号是指地铁所用车辆的型号。在全世界范围内，现代地铁车辆型号没有统一的标准，都是按照每个地方标准定制的。在国内，现代地铁车辆一般有 A、B、C 三种型号。三种车型的主要区分是车体宽度。（这里指的是普通的侧面垂直的列车，不是鼓型车）。长度可以靠改变编组来随时变化，高度差别不大。

A 型车长 22.8 米，宽 3 米；B 型车长 19 米，宽 2.8 米；C 型车长 19 米，宽 2.6 米。

A 型车具有宽敞、舒适的优点，但它也具有相对较高的造价以及对线路条件、限界、站台、车辆段等要求都很高的缺点。所以目前只有上海、南京（全部为 A 型车）、深圳、广州部分线路采用 A 型车。

B 型车因为具有相对成熟的加工和制造技术，较低的成本以及维修方便的优点，被目前大部分城市采用。

下面图表是 A 型车、B 型车、C 型车的交通等级表以及技术规格。

表 2-1 现代城市轨道交通等级表

	I 级	**II 级**	**III 级**	**IV 级**	**V 级**
系统类型	高运量地铁	大运量地铁	中运量轻轨	次中运量轻轨	低运量轻轨
适用车辆类型	A 型车	B 型车	C- I、III 型车	C- II 型车	现代有轨电车
最大客运量（单向小时人次）	4.5～7.5 万	3.0～5.5 万	1.0～3.0 万	0.8～2.5 万	0.6～1.0 万
线路形态	隧道为主	隧道为主	地面或高架	地面为主	地面
路用情况	专用	专用	专用	隔离少量混用	混用为主
平均站距（m）	800～1500	800～1200	600～1000	600～1000	600～800
站台长度（m）	200	200	120	＜100	＜60
站台高低	高	高	高	低（高）	低
车辆宽度（m）	3.0	2.8	2.6	2.6	2.6
车辆定员（站6人/m²）	310	240	220	220	104～202

最大轴重（t）	16	14	11	10	9
最大时速（km/h）	80～100	80	80	70	45～60
平均运行速度（km/h）	34～40	32～40	30～40	25～35	15～25
轨距（毫米）	1435	1435	1435	1435	1435
额定电压（v）	DC1500	DC1500（750）	DC750	DC750（600）	DC750（600）
受电方式	架空线/第三轨	架空线/第三轨	架空线/第三轨	架空线	架空线
列车自动保护	有	有	有	有/无	无
列车运行方式	ATO/司机驾驶	ATO/司机驾驶	ATO/司机驾驶	司机驾驶	司机驾驶
行车控制技术	ATC	ATC	ATP/ATS	ATP/ATS	ATS/CTC
列车最多车辆编组	6～8	6～8	4～6	2～4	2
列车最小行车间隔	120秒	120秒	120秒	150秒	300秒

表2-2 车辆主要技术规格

序号	名称		A型（四轴车）	B型（四轴车）
1	车体基本长度/mm		22 000	19 000
2	车体基本宽度/mm		3 000	2 800
3	车体最大高度/mm	受流器车	3 800	
		受电弓车（落弓高度）	3 810～3 890	
		受电弓工作高度	3 980～5 410	
4	车内净高/mm		≥2 100	
5	车内面高/mm		1 130	1 100
6	轴重/mm		≤16	≤14
7	车辆定距/mm		15 700	12 600
8	固定轴距/mm		2 200～2 500	2 000～2 300
9	每侧车门数/对		4～5	3～4
※ 带司机室的车可加长				

2.3.2 现代地铁车辆编组方式

现代地铁车辆有多种形式，主要有动车（M，Motor）和拖车（T，Trailer）、带司机室车和不带司机室车等。动车是带有动力牵引装置的车辆，拖车则是没有动力牵引装置的车辆；动车有带受电弓的动车和不带受电弓的动车两种形式。

动车：带司机室动车（Mc）、无司机室动车（M）。

拖车：带司机室拖车（Tc）、无司机室拖车（T）。

现代地铁车辆的运营方式是列车编组运行，编组形式有动车和拖车混合编组或者是全动车编组。现代地铁车辆本身带有动力牵引装置，所以既有牵引又有载客的功能。目前国内地铁车辆的主要编组形式有六辆编组和四辆编组，这主要是结合线路以及客流量等因素确定的，六辆编组的编组形式有四动二拖、三动三拖，四辆编组采用的是两动两拖的形式。车辆根据需要采用自动、半自动车钩或半永久牵引杆来连接。

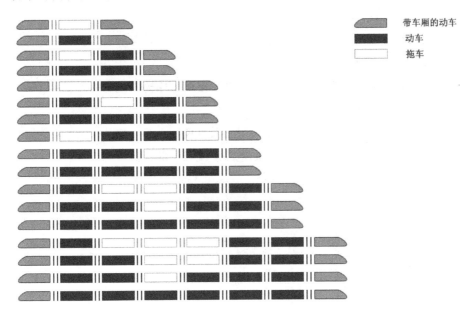

图 2-1 现代地铁车辆编组形式

2.4 地铁车辆造型元素分析

现代地铁车辆是由许多相对独立的结构部件有机地结合在一起，互相配合来实现地铁车辆安全可靠、高品质的运行。

现代地铁车辆一般由七部分组成，如下：

1. 车体

车体是安装与连接其他设备和部件的基础，主要包括底架、端墙、侧墙及车顶等几个部分。

2. 动力转向架和非动力转向架

其包括框架、悬架、砂轮轴箱装置和制动装置等。

3. 牵引缓冲连接装置

现代地铁车辆是编组运行的，车辆之间的连接需要借助连接装置。为了改善列车纵向平稳性，一般在车钩的后部装设缓冲装置，以缓和列车的冲动。

4. 制动装置

制动装置是现代地铁车辆安全运行的保证，主要的车辆制动系统有空气制动系统、制动电阻及制动轨等。

5. 受流装置

受流装置指的是将电流从接触导线或导电轨引入动车的装置。

6. 车辆内部设备

固定装置包括车辆电气、通风、采暖、空调、座椅、把手等。

7. 车辆电气系统

车辆电气包括车辆上的各种电气设备及其控制电路。按其作用和功能可分为主电路系统、辅助电路系统和控制电路系统三个部分。

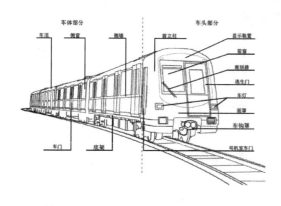

图 2-2 现代地铁车辆车身造型设计元素

现代地铁车辆车身造型设计元素一般分为车头和车体两部分。

车头部分的基本造型元素有显示装置、前窗、逃生门、车灯、面罩、前立柱、司机室车门、雨刮器等。

车体部分的基本造型元素有侧墙、侧窗、车顶、车门和底架。

2.5 现代地铁车辆设计

现代地铁车辆主要是在城市及市郊运行，站与站之间的距离近，其最高运行速度一般设计为 80~90 km/h，空气阻力对车辆造型设计的影响并不那么明显，所以在很长一段时间里国内外现代地铁车辆的车头造型一直是"四方钝头"的生硬设计。

现代地铁车辆的设计要切实符合人们的使用，在满足现代地铁车辆系统功能的要求下最大限度地达到美观、安全、健康、舒适的效果。在我国，地铁建设事业起步较晚，直到 20 世纪 50 年代才开始起步，1999 年以后，达到建设的高峰期，但是有很多先进技术直接从国外引进。现在，虽然已经能够掌握并独立制造现代地铁车辆，但大多集中在技术领域，在相关的工业设计方面却是一片空白，造型设计一般从国外引进，或者直接买进现成的车辆进行修改。

现代地铁车辆工业设计主要包括三个方面的内容：一是整车外观设计，二是地铁车厢内饰设计，三是驾驶室内部设计。

地铁车厢内部是一个特殊的环境，由于它的客流量很大，运营时间长，在乘客乘坐过程中内部空间设施的一些问题便暴露出来，部分设施的设计不够完善、考虑不够周全，且容易磨损、不耐脏、不易清洁，空间的美感不足、人们获取信息的渠道不顺畅等，这样的乘坐环境势必会对乘客的乘坐体验产生一定的影响。

此外，轨道交通工具驾驶室是轨道交通的控制中枢，是驾驶员获取信息、做出决策，并对系统进行控制、完成各项任务的作业空间，其人机工程设计的合理性对轨道交通工具运行安全、驾驶员作业的高效性、舒适性以及身体健康起关键性作用。目前，我国轨道交通的发展已处于世界前列，并已掌握一些核心技术，但由于一方面轨道交通工具的技术引自国外，车内的各种设施包括驾驶室座椅、操纵台等都是按照国外的人体尺寸和各种标准设计，导致轨道交通工具驾驶室的人机设计不能真正满足我国驾驶员的要求；另一方面，列车运行控制技术已发生很大变化，越来越多的电子设备用于驾驶室内，显示器和控制器增多，导致人机之间信息交流量急剧增加，驾驶员认知与操作负荷增大，在长时间的驾驶过程中，导致身体和精神疲劳，影响驾驶员的认知与作业绩效，给列车运行安全带来隐患。

不断发展的科学技术以及人们不断提高的审美观，造成了产品的研发不仅要满足功能的需求，更加需要符合大众审美的造型。我们的社会里高技术越多，我们就越希望创造高情感的环境，用技术的软性一面来平衡硬性的一面。纵观体验经济、情感社会，都与后现代社会要抓住用户的内心情感不谋而合。鉴于此，现代地铁车辆的造型设计，已经逐渐从注重技术忽略造型的阶段发展到现在的同时兼顾造型与技术的阶段，从最初的机械生硬发展直到现在外观平滑流线，样式也变得多样化。现代地铁车辆设计不仅需要完善的功能技术，更要求设计师按照大众的审美需求结合科技的发展、时代精神来重视其工业设计。

第二部分 设计致美：城市轨道交通工具整体形象设计

现代城市轨道交通工具不仅承担繁忙的交通运输任务，具有速度快、运能大、污染少的优点，同时又反映当地的城市文明和地域文化特色。现代地铁车辆则是现代城市轨道交通工具的灵魂和核心，地铁车辆已经融入人们的日常城市生活中，并向着更轻量、高负荷、高速度、高稳定性的方向发展。

总的来说，现代地铁车辆的车身整体形态将向着仿生形态、新材料的应用、情感化设计、人文设计的方向发展。

1. 仿生形态

近年来开始出现了对车头造型的仿生设计，如仿鱼类、鸟类等。随着后现代语义的介入，使现代地铁车辆在造型设计的时候更多地考虑产品语义及产品造型所蕴含的寓意。

2. 新材料的运用

有赖于技术的发展及制造手段的进步，现代地铁车辆的车体正在逐渐轻量化。新的轻型材料也在不断被研发出来，并被应用在车身设计中。轻巧的机身可以节省能源，而且还扩大了设计空间。

3. 情感化设计

以人为本的设计理念的兴起，使现代地铁车辆的设计从单纯的机械功能设计转向乘客的心理、认知、情感的设计。

4. 人文设计

随着科技的发展和社会的进步，人们越来越重视对于文化内涵的塑造。现代地铁车辆作为高度技术化的工业产品，本身的标准和规范使得它的造型看起来冷漠呆板缺乏感情。所以，现代地铁车辆的造型设计更应该探讨人文精神。基于心理学等研究成果为车辆造型设计提供依据，而且不同地域的人文精神、民族感情的不同，又使现代地铁车辆设计具有了多元化的民族风格。

第3章 整体造型设计原则

现代地铁车辆车身整体造型设计是整车设计的初始阶段，也是一项综合构思与长期的规划。它是基于对现代地铁车辆整车设计的各种要求，最终达到塑造理想形体的结果。它不是现代地铁车辆的简单装饰而是高度集成技术和审美的结果。

车身外轮廓设计是影响现代地铁车辆形象的重要因素。在面对一辆地铁车辆时，人们首先看到的是地铁车辆的外轮廓造型，它就如同剪影一样，形象地表达出整个形体的特征。

图 3-1 现代地铁车辆车身外轮廓设计

在汉语词典中，轮廓的意思有两个：构成、界定一个图形或物体的周围边缘的线条，是一个物像大体的形，显示其概貌特征；指事情的大略情况。本书中，车身外轮廓选取第一层意思，指的是现代地铁车辆的大体形状。在车身外轮廓的设计中应该遵循比例与尺度、均衡与稳定、统一与变化、过渡与呼应的形式美法则。

3.1 车身外轮廓的比例与尺度

任何现有的产品都有具体的比例和尺度关系。在人们的眼中，美的产品要具有符合自己审美习惯的比例与尺度。为了使现代地铁车辆具有美观的外形，

就必须使车身与车身各部件之间具有合适的比例与尺度。

3.1.1 比例与尺度

比例是指产品的各部件之间以及部件与整体之间的匀称关系，不涉及特定的数值。比例是形式多样性统一的首要条件，并使造型保持一种合理的逻辑关系。在产品设计中，比例是指产品各部件之间的相对尺寸，指的是整体与部分之间的长、宽、高的相对尺寸。人的直觉一般首先侧重于对于整体关系的把握，因此适宜的比例关系可以建立良好的视觉感知印象。在现代地铁车辆车身外轮廓的设计中，比例表现在车体各部分的分割规律，以产生一种数理性与秩序性。在现代地铁车辆车身外轮廓设计中，整数比例、黄金比例是常用的比例关系。

尺度是指产品与人两者之间的比例关系。在产品设计中，尺度是指产品本身和构成部件与人或者人的使用习惯、使用心理相适应的大小关系。尺度是与产品的使用功能密切相关的，所以产品尺度必须控制在功能范围内，以满足人们的使用习惯。尺度的考虑在现代地铁车辆的设计中特别常见，车门的高度与宽度设计、车窗的面积与位置设计、前挡风玻璃的倾斜角度等设计都要以人体尺度为参考进行，以达到整车形象的美观和人机环境的协调。

在现代地铁车辆车身外轮廓设计中，首先应该根据人的使用习惯确定各部分的尺度，然后推敲车体各部分之间的比例，最终达到比例与尺度和谐的结果。

3.1.2 比例与尺度在车身外轮廓设计中的应用

首先，比例在车身外轮廓中的应用

在现代地铁车辆车身外轮廓的设计中，常用到的比例关系主要体现在以下两个方面：

一是整数比例。整数比例是以正方形为基础单元而派生的一种比例。对于现代地铁车辆来说，整数比例主要应用在像车窗以及车门等功能一致，又需要重复使用的部位中。使用整数比例的

图 3-2 整数比例在德国柏林地铁车辆中的应用

车辆，它们的优点包括均整、简洁、明快的车身以及工艺性好、易加工、适合批量化生产，如图 3-2 中所示。

二是黄金分割比例。黄金分割比例是指将任一长度为 L 的直线分为两段，分割后的长段与原直线之比等于分割后的短段与长段之比，其比值约为1：0.618。0.618 被公认为最具有审美意义的比例数字，为了广泛使用，通常近似简化为 3：5。现在的很多建筑、车辆以及各种工业产品中都能看到它应用的影子。对于现代地铁车辆来说，黄金比例大多被用在车辆车头、侧窗、车门等造型中。图 3-3 中以车窗中线为界，到车顶的距离与到车底的距离之比为 3：5。

图 3-3 黄金分割比例在德国柏林地铁车辆中的应用

其次，尺度在车身外轮廓中的应用

在现代地铁车辆车身造型设计中的尺度设计，不仅仅是指地铁车辆实际大小的数量概念，更多关注的是一种与人相称或比较的尺度感觉或印象。在对车身外轮廓进行设计时，应该让产品的尺度符合这种已有的感觉或印象。

一般情况下，在对现代地铁车辆车身外轮廓进行设计时，各部件如车门、侧窗和前窗的玻璃，应尽可能使它们与普通车辆中相关部件的位置和大小相同。但是有时候为了突出或减弱某一部分的造型或功能，通常通过采用夸张的手法比如增大或缩小这一部分的尺寸。比如图 3-4、3-5 中就是将夸张尺度运用在车灯的设计中，并得出不同造型的车灯。新加坡滨海沿线地铁车辆，增大了车灯的长度，但是同时减小了车灯的宽度，使车灯变得细长，车灯形式也符合车头前部轮廓走向，这样可以削弱车灯局部的形式，达到车头正面效果更加统一的目的。西安地铁车辆在对车灯进行设计时，刻意夸大了其尺寸，突出了车灯的形式。

图 3-4、3-5 新加坡滨海和西安地铁车灯造型设计的尺度

3.2 现代地铁车辆车身外轮廓的均衡与稳定

3.2.1 均衡与稳定

均衡主要是一种视觉上的平衡，是两个及两个以上的元素之间形成的一种势均力敌的状态，从而构成心理上的平衡感觉，是产生稳定感的基础。对称是均衡的一种特殊情况，也是自然物与人造物最为普遍的一种存在形式。它的特殊性在于左右视觉分量相等。对称的均衡使人们产生安静、稳定、端庄、完整、规则、坚固、和谐的感觉，符合人们通常的视觉习惯。在现代各类产品中，对称的形态非常多，可以说是最常见的视觉表达形式。而不对称的均衡其实就是用一个或多个不类似或对比的元素，来取得平衡关系的均衡（除体量外，还有色彩、质感、方向、空间形的元素），这样的均衡，不仅稳定，还多了活泼、灵动的感觉。

稳定，强调的是线、色、形、体的组合稳固关系，以及视觉元素上下部分之间的轻重关系。稳定分为形式稳定和技术稳定。换言之，有实际的稳定，也有视觉的稳定。例如，为了维持现代地铁车辆车身自身的稳定状态，往往靠近地面的部分大而重，上面部分则小而轻。这样做就为了使重心降低，防止偏倒，从而也符合力学原理。

现代地铁车辆作为大型的工业车辆，并且速度快、体量大，其造型设计尤其要注意形式的均衡与稳定，这样才能给人安全的心理暗示，使乘客与旁观者产生值得信赖的心理感受。

3.2.2 均衡与稳定在车身外轮廓设计中的应用

首先，均衡在车身外轮廓中的应用

绝大多数的现代地铁车辆的车身外轮廓，都是左右均衡，中心对称的图形。大多数的车身部件（前窗、车灯、显示装置、两侧的司机室侧窗、面罩、车门、侧窗、转向架、装饰色带等）也都是对称的。通过使用均衡的设计手法，使现代地铁车辆车身外轮廓不仅具有良好的稳定感，同时又展现了作为城市公共交通工具的庄重、严肃的视觉审美，如图3-6所示。

其次，稳定在车身外轮廓中的应用

通过研究发现，现代地铁车辆车身的截面外轮

图 3-6 均衡在华沙地铁外轮廓中的应用

廓和侧面外轮廓一般形状是梯形或类似于梯形的造型,采用这些类似于底部宽、上部窄的形状,是为了让车身重心下移,从而获得视觉上的强烈稳定感。

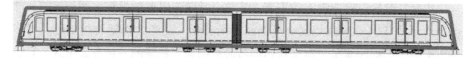

图 3-7 稳定在现代地铁车辆车身外轮廓中的中的应用

3.3 现代地铁车辆车身外轮廓的统一与变化

统一与变化,同均衡与稳定一样,同属于最基本的形式美法则。对于现代地铁车辆而言,车身外轮廓的统一与变化主要表现在结构样式与造型风格上,车身外轮廓设计需要从无数零部件的设计中去寻求整体的统一,同时又要在整体的统一中表现出有个性、有美感的变化。

3.3.1 统一与变化

统一是指组成一个整体造型的各个构成部件之间,相互呼应、相互关联,呈现出一种一致的或趋于一致的规律或秩序。统一能增强造型物的整体感,能使各造型形体间显得有条有理,趋于一致,具有治杂、治乱的作用。但是,过度地强调统一会导致造型物显得单调、呆板且毫无生趣。

变化是指统一的整体之中的某些元素之间寻求差异的过程。变化能克服造型物的呆板和沉闷感觉,能使造型形体体现出丰富多彩的内容,具有增添差异性新颖元素的功能。统一和变化不是一个矛盾的属性。在现代地铁车辆车身造型设计中,要始终坚持统一与变化的形式美法则,和谐地处理两者之间的关系,保证两者量的适宜。

3.3.2 统一与变化在车身外轮廓设计中的应用

首先,统一在车身外轮廓中的应用

"统一",在现代地铁车辆车身外轮廓设计中主要体现为外观形的统一。在车身设计中要在保证车辆整体美感的前提下,寻求共性,减少差异,获得完整统一、和谐美观的整体外观效果。

为了使现代地铁车辆车身的外观形式相统一,在设计车窗、车门等主要部件时,会将它们的位置和尺寸设计成一致,这样就可以获得秩序性和连续性的统一感。

　　同时，车身的线型风格也要统一。构成车身形体大轮廓的几何线条的走向，趋势是要统一的。不同线型风格的车辆，所展现的风格是不一样的。线型主调为曲线的车辆，是曲线风格，这种风格的车辆表现的是车身整体造型的优美，通常给人柔和、圆润、通透之感；相反，线型主调为直线的车辆，是直线风格，这种风格的车辆表现的是车身整体造型的刚劲挺拔、简洁、明快之感。

图 3-8 统一曲线线型风格的地铁　　　　图 3-9 统一直线线型风格的地铁

　　其次，变化在车身外轮廓中的应用

　　在现代地铁车辆车身外轮廓设计中，为了使车身造型丰富多彩，就需要使用变化的手法。在车身外轮廓整体统一、完整协调的基础上，可以通过某些部件的形状对比来实现车身外轮廓的变化。造型物的形状对比主要包括形体的线型、方向、直曲、粗细、长短、大小等方面。通过对图 3-10 中的车辆进行研究，可以发现：该地铁车辆的车头外轮廓主要采用的是曲线线型。在曲线风格下，使用矩形的车窗

图 3-10 统一线型风格下的变化

及逃生门的形式，获得了在统一形式下的变化。圆形的车灯也是在矩形的边框之内，这些直线的加入并没有改变曲线的主风格，反而使车头的形式更加丰富，而不会显得单调。

3.4 现代地铁车辆车身外轮廓的过渡与呼应

不同部件之间结构和形状的对比，通常会引起外形设计的强烈差异，有时候会使整个形体线面关系混乱，没有秩序感。为了消除这些差异，这时就可以采取过渡与呼应的办法来消除这一反差。在现代地铁车辆车身外轮廓的设计中，为了获得视觉上的统一，可以通过运用过渡与呼应这一法则，来消除不和谐的反差。

3.4.1 过渡与呼应

过渡是指采用既相互关联又演变渐进的方式使产品的不同部件之间达到协调统一的效果。现在所使用的过渡形式有线型过渡、形体过渡。

呼应是指运用相同或相近似的细部处理手段，使上下、前后或左右不同方位的形体，在彼此的关怀和相互连接的位置，可以实现统一的联系，以便获得和谐的整体形状，这种方法可以使产品表面联系一目了然，具有统一的整体感。

过渡可以看成是呼应的前提，呼应可以看成是过渡的结果，两者相互影响，相互补充。没有过渡的现代地铁车辆是繁杂的，没有呼应的现代地铁车辆则是凌乱不和谐的。

3.4.2 过渡和呼应在车身外轮廓设计中的应用

现代地铁车辆作为大型的工业车辆，本身的结构和功能限制了造型的多样化发展。据调查，大部分车辆的车体断面形状是鼓型或者竖直型，反差不大，用到过渡手法的地方也不多。在现代地铁车辆的车身造型设计中，主要在车头的设计以及处理车顶与侧墙的转折时，用到过渡的造型手法。通过使用过渡的处理手法，使现代地铁车辆车头前部左右两侧位置、上下位置以及前后位置相互呼应，使车身造型获得统一柔和形式。

图 3-11 过渡和呼应在车身外轮廓中的应用

图 3-11 中的慕尼黑 C2 地铁车辆的车身外轮廓中多处运用了过渡的造型，

手法具体如下：车身顶部和侧面，顶部与前部连接的时候使用了弧度比较大的曲线来过渡，使面与面之间很自然地融合在一起，使车身整体具有柔和、亲切的感觉。

设计赏析：北京地铁 4 号线地铁车辆

北京地铁 4 号线地铁车辆于 2009 年开始运行，由德国著名的设计公司 N+P 工业设计公司设计，由南车四方车辆厂生产。

N+P 工业设计公司的创始人是亚历山大·那姆斯特尔，他深受乌尔设计学院理性主义的影响，其设计理念基于强烈的社会责任感，强调科学性，一般采用高度系统化、高度简单化的形式，具有整体感非常强的特征。N+P 的

设计注重可用性，根据具体的项目，其团队由产品、图像、交互设计、人机工程学和色彩材质专业设计师和专家组成，致力于开发顾客专属的设计方案，并进行细致严谨的研究。他们的设计具有远见、可用性，同时也注重体现客户的品牌形象。

图 3-12 北京地铁 4 号线地铁车辆 1

北京地铁 4 号线地铁车辆全车采用不锈钢车身，属 B 型车。每列车 6 节编组，总定员 1408 人。列车设计最高速度 80 km/h。列车的车体和车窗形状有浓厚的港铁特色。车门使用了外挂门的设计。

车身整体造型圆润，以曲线造型为主，前车窗与逃生门的造型与整体的曲线风格形成对比，增加了变化，车窗周围的黑色边框增加了车窗面积的视觉感受。银灰色不锈钢外形，搭配由头及尾的天蓝色色带，使整体造型更加统一，

富有活力。车头正中心标记了京港地铁的标志，而在逃生门上则印有传统的"北京"字样。逃生门位于驾驶室前方左侧，紧急时可打开伸展为下车坡道，30分钟内可以将全车人员疏散。

图 3-13 北京地铁 4 号线地铁车辆 2

第4章 车头造型设计

现代地铁车辆的车头造型设计是车身整体形象设计中最关键的一部分，可以说是整车形象的魂之所在。对现代地铁车辆的车头进行设计时，主要考虑的造型元素有显示装置、前挡风系统、前立柱、面罩、车灯、司机室侧门、逃生门以及雨刷器等。雨刷器一般位于司机室前窗玻璃的正下方。雨刷器的形式一般不会有多大的变化，加上对现代地铁车辆车身造型没有多大影响，本章就不做介绍。

4.1 显示装置设计

现代地铁车辆车头前部上方位置的显示装置主要作用是要显示线路名称或其他相关信息。

电子显示屏是现代地铁车辆主要的显示装置，简单地讲就是LED显示屏。现代地铁车辆的显示装置分为内置式电子显示装置与外置式电子显示装置。

外置式电子显示装置，顾名思义，是指设置在车体外面的电子显示装置，因为被设置在车体外面，所以要

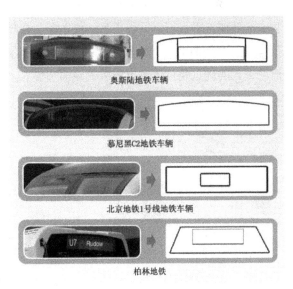

图4-1 代表性地铁的显示装置细部造型对比与归纳图

对它进行额外的设计，这样就会加大设计的难度和工作量。所以，现在已经没有地铁车辆会采用这种显示装置。

内置电子显示装置指安装在车身内的电子显示设备，被应用于绝大多数现代地铁车辆，图4-1显示了四种代表性的采用了内置电子显示装置的地铁车辆，

并做了简单的造型归纳。总体说来，内置电子显示装置主要具备以下特点：位于车头前部的上方，被安装在车体内部；采用与车体外轮廓面保持一致的透明保护罩，目前大多数现代地铁车辆已经抛弃了透明保护罩而改用前窗玻璃，从而获得了统一的形式感。

4.2 前挡风系统设计

前挡风系统是由司机室前窗和侧窗组成的，主要是为了方便司机驾驶。因此，需要从司机室前窗和侧窗两个方面入手对现代地铁车辆前挡风系统的细部造型进行分析。

4.2.1 司机室前窗

司机室前窗，按字面意思来讲，就是位于司机室正前方的车窗，主要是为了方便司机安全驾驶车辆。

前窗玻璃是司机室前窗结构中最重要的部件。前窗玻璃一般分为平板玻璃和曲面玻璃。平板玻璃的特点是：成本相对较低，加工制造工艺简单，但是也具有只能在平面上造型的缺点。曲面玻璃的特点是：造价高，加工工艺复杂，但它最大的优点是可以产生复杂的曲面造型。

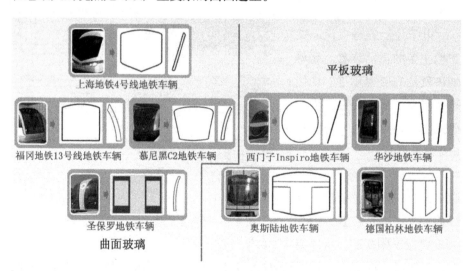

图4-2 不同地铁司机室前窗细部造型分析图

通过对图4-2中不同地铁司机室前窗细部造型具体对比分析，可得出以下结论：

第一，司机室前窗的正面造型一般是矩形或梯形，或经过圆角或大的弧面处理，一般为左右对称的形式，表现出强烈的稳定感和均衡的美感；

第二，司机室前窗玻璃的黑色边框增加了车窗面积的视觉感受；

第三，平板玻璃一般用于车头造型简单规整的车辆；曲面玻璃则被用于车头造型复杂的车辆。

4.2.2 司机室侧窗

司机室侧窗，顾名思义，指的是位于司机室侧面的车窗。

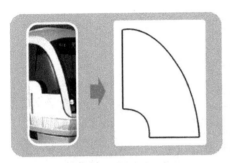

福冈地铁13号线地铁车辆

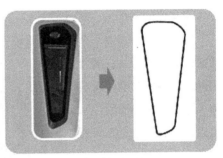

华沙地铁车辆

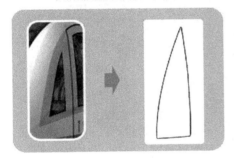

德国慕尼黑C2地铁车辆

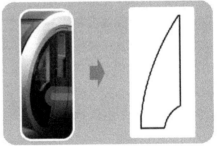

北京地铁1号线地铁车辆

图 4-3 司机室侧窗细部造型分析

从图 4-3 中可以得出司机室侧窗的以下造型设计特点：

第一，司机室侧窗要与司机室前窗、车体侧窗的形式相关，这样才可以获得造型的统一感；

第二，司机室侧窗周边有黑色边框和梅花点，有助于所有车窗形成统一的视觉感受；

第三，司机室侧窗的形式很多，多是矩形、梯形或其他变形。要注意多变的形式与车身造型相联系，从而获得统一的造型轮廓。

4.3 车身前立柱设计

位于驾驶室前窗与左右两侧窗中间位置的前立柱的作用主要是支撑车体顶部。前立柱有三种基本形式：上下等宽、上宽下窄、上窄下宽，这是根据外观造型的不同而划分的。研究发现，在现代地铁车辆中，上下等宽的前柱是使用最广泛的形式。

前立柱的细部造型特点如下：

首先，上下等宽形式的前立柱外形纤细，宽度相同，因为其形状、结构和工艺性能好，通用性强，可以被各种形式的车辆使用。

其次，上宽下窄的形式可以让人感受到速度和动感，但是看起来不是很稳定；上窄下宽的形式正好相反，稳定感很强，但不利于速度和动感的体现。

最后，应视现代地铁车辆的具体情况来选择前立柱的形式，以实现所需的性能外观。

上窄下宽

华沙地铁车辆

上宽下窄

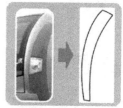

北京地铁4号线地铁车辆

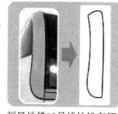

福凤地铁13号线地铁车辆

北京地铁1号线地铁车辆

上下等宽

图 4-4 前立柱细部造型分析与归纳图

4.4 车头面罩设计

面罩位于驾驶室正前方，与司机室前窗以及车钩罩相连，左右两侧与驾驶室侧面相连。面罩的主要作用是对保护驾驶室前部位置，在设计中可以作为装饰部件。

总体来说面罩是与车灯同时存在的，在对面罩进行造型设计时，需要同时考虑车灯的造型设计，并且按照对称的方法进行造型，使车头前部在视觉上给人均衡的美感。同时，面罩的造型与司机室前窗的造型也有很大的关系。

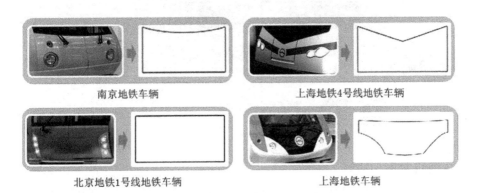

图 4-5 车头面罩细部造型分析与归纳图

4.5 车灯造型分析

现代地铁车辆的车灯类型主要有前照灯、辅助照明灯和标志灯。

位于前方的前大灯主要作用是在远距离照明、夜间照明和警告的场合照明。在面罩区域内或与面罩相邻的辅助照明灯主要作用是近处照明，并与面罩一起成为车头前脸造型的标志特征，是辨别现代地铁车辆可识别性外观的最明显特征。

标志灯一般和辅助照明灯安装在一起，通过发出红色（或白色）的光来显示车辆运行方向的线条或方向，有警示的作用。通过调研发现，大部分的现代地铁车辆安装了辅助照明灯和标志灯进行照明和警示，少数车辆安装了前照灯。

在造型设计时，车灯都要按照左右对称的方式均衡地排列，这样才能达到视觉上的美感。

一般来说，车灯包括独立式车灯和整体组合式车灯。独立式车灯，顾名思义，车灯是独立的，分散的。而整体组合式车灯，会对面罩的形状进行分割，最好对称布置在面罩的两侧。相对于独立式车灯，整体组合式车灯更有利于车头前部的整体感与稳定感；独立式车灯则具有很大的自由度，限制造型相对来说比较小，在尺寸和布置上也更加灵活，具有更多的个性。

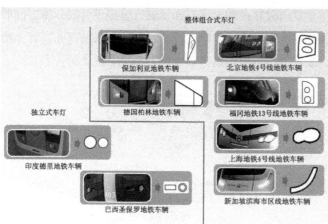

图 4-6 车灯细部造型分析与归纳图

4.6 司机室车门设计

司机室车门位于司机室侧面，方便司机上下车辆，一般采用单开门的形式。车门的开关可以自动控制，也可以由司机手动控制。司机室侧门宽度不应小于560 毫米，高度不小于 1800 毫米。

通过调研发现司机室车门的设计要点如下：

一是，司机室车门采用固定门扇和车窗玻璃的组合形式，形状一般为矩形或圆角矩形或其变形；

二是，司机室车门的形状与车头前部的轮廓有很大关联，司机室车门顶端的轮廓通常会与车头轮廓相符，从而获得强烈的整体感。

图 4-7 司机室车门细部造型分析与归纳图

4.7 逃生门（紧急疏散门）设计

GB/T 7928-2003《地铁车辆通用技术条件》对逃生门专门做了要求，"在未设安全通道的线路上运行的列车两端应设紧急疏散门"。逃生门一般布置在驾驶室，乘客需要快速行走，进入司机室，然后逃生。

图 4-8 逃生门设计效果图

逃生门系统通常包括疏散门和疏散坡道两个部分，也有门、坡道一体的形式，一般被安装在驾驶室前方中心位置或偏向一侧的位置。目前，现代地铁车辆的逃生门有多种形式，主要有门、坡道一体式结构和门、坡道分体式结构两种。

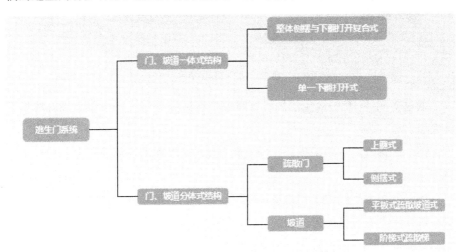

图 4-9 不同的逃生门系统构成

通常情况下，现代地铁车辆的 B 型车由于车宽较小，使用的是门、坡道分体式的逃生门，这样的逃生门一般位于驾驶室一侧，具有结构相对简单，成本相对较低以及质量较轻的优点。其中的平板式疏散坡道式逃生门坡道较平缓，疏散能力较强。

A 型地铁车辆的逃生门位于驾驶室前方中心位置。因为这种形式逃生门系统坡道平缓，疏散能力和承载能力强，不占用驾驶室内部空间，但是同时也具有结构复杂、质量较大、造价高昂、司机室视野较差的缺点。

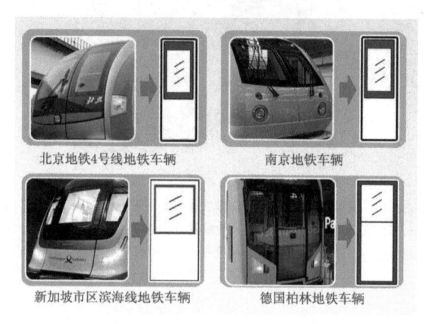

北京地铁4号线地铁车辆　　　　　南京地铁车辆

新加坡市区滨海线地铁车辆　　　　德国柏林地铁车辆

图 4-10 逃生门细部造型分析与归纳图

通过对图 4-10 中逃生门的外观特征进行研究分析，得出以下细部造型设计要点：

第一，逃生门一般采用固定门扇和车窗玻璃的组合形式，形状一般为矩形或圆角矩形；

第二，当逃生门位于司机室一侧时，逃生门上的车窗玻璃与司机室前窗玻璃一般采用左右对称的形式，这样可以增强车头前部的整体感；当逃生门位于司机室正前方中央的位置时，逃生门车窗玻璃的黑色边框与前窗玻璃相呼应获得统一的形式感。

设计赏析：新加坡滨海市区线地铁车辆

新加坡滨海市区线地铁车辆由庞巴迪公司设计制造。庞巴迪是世界上最大的铁路与轨道设备制造商，由它设计生产的现代地铁车辆不论是在技术还是设计上都具有整体意识，并且具有独特和优雅的外观。

图 4-11 新加坡滨海市区线地铁车辆

新加坡滨海市区线地铁车辆是完全自动的无人驾驶车辆，具有现代化的、时尚的外观设计。车头造型圆润，流线感强；方形前车窗的大圆角处理，使整个车窗看起来圆润活泼；细长的车灯紧随车头轮廓线，弱化了车灯的形式，增强了车头的整体感。

第 5 章　车体造型设计

现代地铁车辆的车体造型是车身整体形象构成的关键部分。一般来说，现代地铁车辆车体是由底架、侧墙、车顶和其他部分组成。在进行车体造型设计时，主要考虑的设计元素有侧墙、车门、车窗、车顶以及底架等。底架位于车身底部，安装有现代地铁车辆的所有动力结构。由于功能和技术的限制，现代地铁车辆的车底造型一般直接整体设置为平板结构，本章不做介绍。

5.1 侧墙分析与设计

作为现代地铁车辆主要受力部分的侧墙，位于车体的两侧，与底架和车顶一起对车体有保护作用。

现代地铁车辆的侧墙一般包括竖直侧墙、鼓形侧墙和弧形侧墙三种基本类型，这是根据现代地铁车辆车身断面外轮廓的形状划分的。

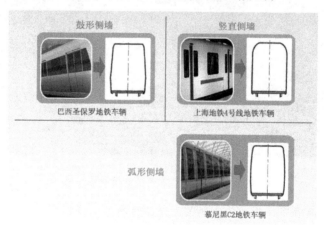

图 5-1　侧墙细部造型分析与归纳图

竖直侧墙是指墙板是竖直放置的，在与车顶或车底相连的部分设置圆角或斜角过渡，造型整体缺乏变化，形式感较弱，通常给人单调、呆板的感觉，但是具有制造加工简单，造价成本较低的优点。

鼓形侧墙的墙板，在中间下部位置上设有半径较大的圆弧倒角，形成一个

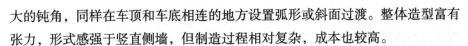

大的钝角，同样在车顶和车底相连的地方设置弧形或斜面过渡。整体造型富有张力，形式感强于竖直侧墙，但制造过程相对复杂，成本也较高。

弧形侧墙是三者之中形式感最好的侧墙形式，但同时具有加工制造非常复杂、成本非常高的缺点。弧形侧墙的整个墙板造型就是一个大的弧形，在车顶和车底相连的地方设置弧形或斜面过渡。

5.2 车门分析与设计

现代地铁车辆车身两侧都设置了一定数量的车门，以方便乘客上下车。

车门的分类：

气动门及电动门是根据不同的驱动方式划分的。气动门是由压缩空气驱动气缸，然后通过机械传动系统和电气控制系统来控制开关门的动作。电动门是通过电动机驱动从而完成开关门的动作。

内藏门、外挂门、塞拉门和外摆式车门四种类型是按照车门的运动轨迹以及与车体的安装方式来划分的。在这四种类型的车门中，塞拉门的使用最为广泛，因为塞拉门具有结构紧凑、轻便灵活、开启平稳、低噪音、安全可靠、关闭时能与侧墙外表面齐平等优点。

单开门和对开门则是根据门扇的数量来划分的。单开门位于驾驶室，车门的宽度和高度，分别一般应大于550毫米、800毫米。对开门一般被设置在没有驾驶室的车体的侧壁上，宽度一般应不小于1300毫米，高度不低于1800毫米。通过分析发现，现代地铁车辆的车门宽度一般在1300毫米到1400毫米，高度在1800毫米到1900毫米之间。

与侧墙密切相连的车门形状受制于功能和技术的因素，一般的前门都是单个矩形的形状。侧门和侧壁的形式应该是相同的形状，所以当门关闭时，它们可以在同一平面上。

现代地铁车辆车门造型主要由门扇和固定车窗两个部分决定。固定车窗一般使用的是玻璃材质，而门扇材质一般使用的是不锈钢、铝合金等金属材质，组合在一起的两者，因为材质的不同，会形成强烈的反差，如在色彩和质感上的对比。选择不同类型的代表性车门模型进行分析，可得出以下结论：

车门形式为对开门的，车门形状均是矩形或是圆角矩形，车门的设计一般都按照中心对称的原则进行；

车门上的车窗，一般使用橡胶密封条固定或者采用粘接技术固定，边缘一般会有黑色边框及渐变梅花点；

玻璃窗四角通常会采取倒圆角的形式，以获得统一的变化形式；

通过将车门上固定车窗与车身侧窗的上下边缘齐平，以及保持两者在色彩和质感上的一致，从而获得车辆整体的高度统一；

也可通过改变车门上固定车窗的形状来获得变化。

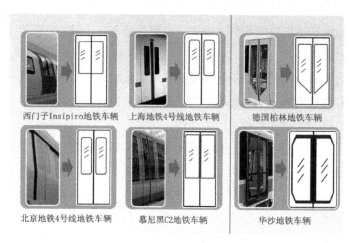

图 5-2 车门细部造型分析与归纳图

5.3 侧窗分析与设计

现代地铁车辆的侧窗都分布在侧墙上，侧窗的设置不仅使车辆内部获得良好的照明，还满足了乘客沿途观光的需要。

固定式侧窗是现代地铁车辆侧窗的主要形式，在部分车窗上部可设置可开闭式眉窗，一般使用橡胶密封条粘接的形式固定。根据目前的研究情况来看，所有的现代地铁车辆几乎全部采用的是固定式侧窗。现代地铁车辆侧窗的宽度一般是 600 到 1800 毫米，高度一般是 600 到 1200 毫米。

受功能和技术的限制，现代地铁车辆的侧窗形式一般都是矩形样式。通过调查分析，侧窗一般都具有以下特点：

一是侧窗使用橡胶密封条或粘接技术固定，边缘一般都有黑色边框和渐变的梅花点；

二是侧窗设计采用中心对称的方式。为了获得统一形式下的变化，侧窗的

四个角通常会做圆角处理；

　　三是采暖、空调和通风设备的安装使得侧窗被固定了下来。

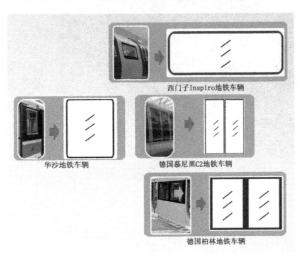

图 5-3 侧窗细部造型分析与归纳图

5.4 车顶分析与设计

　　车顶位于现代地铁车辆的上部，受电弓、空调和其他电器设备都安装在上面。由于功能和技术的限制，现代地铁车辆的车顶造型一般直接整体设置为平板结构，或是沿断面形状车顶两侧做成平滑的圆弧形状，车顶中央部分设置为平板结构，方便放置各种装备，这里不做过多介绍。

图 5-4 巴西圣保罗地铁车顶造型

图 5-5 印度新德
里地铁车顶造型

设计赏析：Inspiro 地铁车辆——"去地下，我的未来之旅"

　　Inspiro 地铁车辆属于概念设计，由德国西门子为英国伦敦设计制造。西门子运输集团成立于 1989 年，主要产品包括高速列车、机车、动车组、摆式列车、客车、地铁和轻轨车辆。德国西门子的现代地铁车辆不仅车身造型设计方面处于领先地位，技术上也不遑多让，造型实用美观，整体简洁朴实，深受企业的喜爱。

图 5-6 西门子 Inspiro 地铁车辆

Inspiro 地铁车辆以其完整的 LED 照明光和明亮的氛围，创建了新的地铁标准。比类似的现代地铁列车更节能 30%，每年将节省足够的能量为 30000 个家庭提供电力。而且，Inspiro 列车使用的建造材料非常环保，高达 94.8% 的材料都可回收利用。Inspiro 列车还可以实现无人驾驶，让地铁运营商将发车间隔缩到最小，最短发车间距可缩短至 80 或 90 秒。需要时，控制中心只需要按一下按钮，加开列车就可在车站投入运行。

Inspiro 地铁车辆车身造型整体呈圆柱形，拥有与众不同的外观，极具个性，车身主色调为白色，车头周边部分以及车门采用红色涂装，侧窗周边采用蓝色边框，红、蓝色彩取自英国国旗，整体亮丽夺目。

第6章 材料应用与表面涂装

6.1 现代地铁车辆材料应用与车身造型

在对现代地铁车辆进行设计时，在车身造型与结构尚未确定之前，首先要结合车辆本身造型和结构的特点，合理地选择材料。对于现代地铁车辆来说，选择合理的车身材料，不仅影响车体的强度和刚度，而且直接影响车辆安全运行以及乘客乘坐过程中的舒适度，关系到车辆的载客能力和能耗大小，也关系到车辆检修的难易与否以及车辆的使用年限，更加关系到车辆的造价以及维修保养的费用。

现代地铁车辆是与人的生活息息相关的产品。在对现代地铁车辆进行设计时，更需符合人的精神和物质的需求。因此，现代地铁车辆造型设计更加专注于挖掘材料固有的表现力和新的加工工艺，在设计中充分表现材料的真实感和朴素、含蓄的天然感，以深刻体现现代人在高科技时代对于自然和自然本质的追求，以满足人们的心理需求。在强调使用天然材料的同时，合理使用新型人工材料各种新型金属材料、饰面材料、装饰玻璃等可以增强材料的时代感。同时通过人工材料与天然材料的综合运用，可衬托强调天然材料的自然特性，形成不同的质感，丰富人们的视觉和触觉，使设计的成品既有时代感又富有自然气息。

只有正确地掌握材料的材质特性，赋予材料以生命，才能获得好的车辆设计。在设计现代地铁车辆中，设计者应熟练掌握材料的基本性能和感觉特性，及时掌握新技术、新工艺和新材料的发展动向，运用适当的技巧去处理适当的材料，最大限度地发挥材料各自的特性，从各种造型设计材料的特殊质感中获求最完美的结合和表现力，给人以一种自然、丰富、亲切的视觉和触觉的综合感受，真正解决人类的需要，使所设计的地铁车辆给人以美的享受。

6.1.1 现代地铁车辆车身材料种类与特性

在国外，日本以及西方发达国家不断地开发新的材料和各式各样的车体结

构，比如第二代轻量不锈钢车体和蜂窝材铝合金车体以及超轻量的碳纤维增强塑料车体。

在我国，各大公司及研究院也在不断地研发试制车体新材料。铝合金车体，不锈钢和铝合金软卧地铁车辆等相继研制成功。

现代地铁车辆车身材料种类繁多，一般包括金属材料和非金属材料。金属材料主要有钢、铝、锌、镁、铜等。非金属材料主要有木材、塑料、玻璃、橡胶、复合材料、油漆等。不同的材料具有不同的特性，应该分析不同材料的特点，充分利用其优点，并综合分析不同车体材料所带来的不同影响，做出合理的、准确的判断，在确保安全、可靠、经济的前提下，结合地铁车辆的实际情况，进行技术性能、经济性能和美观度的综合分析，再决策车身采用哪一种材料最为合适。

表 6-1 现代地铁车辆车身材料的种类

类型		优点	缺点	用途
普通钢		易造型、材料成本及制造费用低、焊接性好	车体强度低、重量大、能耗高、腐蚀重、维修量大、使用寿命短	用作车身钢板材料
不锈钢		车体强度高、可使车体轻量化、耐腐蚀性强、耐热性好、无需维修、焊接性好、可延长车辆的使用寿命	造型困难、材料成本及制造费用高	
铝合金		可自由造型、车体轻量化好、耐腐蚀性强、无需维修、可延长车辆的使用寿命	材料价格制造费用特高、材料强度略低、耐热性低、焊接技术要求高	
玻璃	钢化玻璃	强度高、安全性好、热稳定高	有自爆缺陷、钢化后不能再加工	前窗、侧窗的材料一般选用具有一定统一性的玻璃制品
	夹层玻璃	强度高、安全性好、隔音、降低能耗、防紫外线		

续表

玻璃	钢化夹层玻璃	既具有钢化玻璃强度高的特点,又继承了夹层玻璃没有碎片掉下来的优异安全性能		
	油漆	保护车身防腐防锈、美化和装饰汽车的形体		喷涂在车身及零件表面的材料
	合成橡胶	高弹性、高强度、耐疲劳性好、耐磨损、耐热电绝缘性等		用于车门车窗的密封条、减振件、密封件等部件
	塑料	质量轻、可吸振和减噪、易于成形、入色、隔热、绝缘和耐腐蚀等	机0械强度低、低温脆性较大、尺寸稳定性差、易老化	用于面罩、灯壳等部件

科技的不断发展促进了新结构、新工艺的产生,这些都为现代地铁车辆车身造型新材料的应用和加工奠定了基础,可以预见,现代地铁车辆必将有一个美好的前景。

6.1.2 现代地铁车辆车身材料的视觉特性

材料的视觉特性是靠眼睛的视觉来感知材料的表面特征,是材料被视觉感受后经过大脑处理产生的一种对材料表面特征的感觉和映像。

材料对视觉器官的刺激因其表面特性的不同而产生视觉感受的差异。材料表面的色彩、光泽、肌理等会产生不同的视觉质感,从而形成材料的精细感、粗犷感、均匀感、工整感、光洁感、透明感、素雅感、华丽感和自然感。

现代地铁车辆不同的车身材料所表现出的视觉感受是不同的,铝材,平丽轻快;钢材,深厚、沉着、冷静;塑料,表面致密、光滑、细腻、湿润;有机玻璃,明澈、通透、光亮等。

6.2 现代地铁车辆车身表面涂装设计

车身表面涂装设计是现代地铁车辆造型设计中的重要环节,主要包括车体选色、确定色块分割形式以及其他装饰图形的布局等。车体涂装最基本的作用是保护车体,更深层的意义有美化车体、凸显时代气息、人文精神与地域差别,

同时可以使乘客充满信任感与安全感。

6.2.1 车体色彩设计

色彩作为视觉的第一印象往往具有先声夺人的力量，是反映产品形象的最直观的因素。现代地铁车辆作为城市公共交通工具，色彩的选择不仅与材料、工艺有关，而且与地理环境和使用人群相关。

现代地铁车辆的车身色彩是基于各种因素的综合分析，通过与车身的匹配得出的最终色彩设计。这种方案可以使地铁车辆的可识别性显著增加。

产品色彩设计的关键主要是指整体色调的配色倾向。产品的色调往往是由一组占主导地位的颜色来确定，这种具有绝对优势的颜色被称为主色调，其他的颜色被称为辅助色。此外，色调不同，人的感受是不同的。所以在设计车身色彩时要与车辆结合，根据车辆本身的属性，做出合理的选择。

现对本书中出现的共14辆现代地铁车辆的车身色彩进行统计，统计结果显示如表6-2所示。

主色调方面：主色调为白色的车辆有7辆；主色调为灰色的车辆有4辆；主色调为蓝色的车辆有2辆；主色调为黄色的车辆有1辆，只有1辆车使用两种颜色为主色调。

辅助色方面：有3辆车使用蓝色为辅助色；有6辆车使用红色为辅助色；有3辆车使用黄色为辅助色，只有1辆车不使用辅助色。

表6-2 代表性地铁车辆车身色彩统计研究

车辆名称	实物图	主色	辅色	车辆名称	实物图	主色	辅色
北京地铁4号线地铁车辆		银灰色	蓝色	保加利亚地铁车辆		白色	银色
北京地铁1号线地铁车辆		银灰色	红色	慕尼黑C2地铁车辆		银灰色	蓝色
上海地铁4号线地铁车辆		白色	紫色	日本福冈地铁13号线地铁车辆		白色	蓝色绿色

续表

上海地铁 3号线 地铁车辆		蓝色	白色 红色 黄色	德国柏林 地铁车辆		黄色
南京 地铁车辆		蓝色	白色	新加坡 市区滨海线 地铁车辆		白色 红色
圣保罗 地铁车辆		银灰色	黄色 黑色	华沙 地铁车辆		白色 黑色 黄色 红色
维也纳 新城 地铁车辆		白色	红色	新加坡 地铁车辆		白色 黑色 红色

根据上述统计结果与分析，可以得出以下地铁车辆车身色彩设计要点：

一是，单一的颜色作为车体的主色，有利于体现地铁车辆干净的、统一的效果。在现代地铁车辆色彩设计中，白色使用最多，其次是银灰、红、黄、绿、蓝。由于不同的地理环境和民族文化，有的现代地铁车辆车身颜色也使用其他颜色，如紫色等。还有少数的现代地铁车辆使用两种颜色作为色彩主调，这是形式多样化的色彩搭配，表现出现代地铁车辆明亮、鲜艳的色彩的视觉效果。

二是，绝大多数的现代地铁车辆车身都不只有主调色彩，还采用了辅助色彩，这样就使统一的车体有色彩上的变化，体现现代地铁车辆明快的效果。

三是，所选择的主调色彩明度要高，这样地铁车辆才具有更高的鉴别度；作为辅助色的色彩纯度要高，应该鲜艳灿烂，装饰性强，车身的主调色一般应该要比车身辅助色的明度高。

6.2.2 车体选色依据

在面对像现代地铁车辆这样体形庞大的人造物时，人们通常会产生畏惧甚至害怕的感觉，为了改变这一现状，我们可以通过处理形体的转折变换以及适当地布置色彩，使重心下移，从而让人们产生信任感和安全感。因此，在现代地铁车辆的车身色彩设计中大多数车辆都会使用大块面的白色、灰色等无色系色彩作为车辆的色彩主调。这些色彩具有明度高、纯度低的特点，然后会辅助使用一些颜色鲜艳色彩加以装饰，这是绝大部分车体在进行车身涂装设计时的选色依据。其具体色彩设计原则如下：

首先，符合用户的心理需求

乘客对现代地铁车辆通常有安全、舒适、快捷的期望，一定的色彩和图形搭配可以产生稳定感以及动感。此外，在现代地铁车辆中，有时一个小面积的高饱和度彩色丝带装饰，可以有效地消除车身的乏味感。

其次，考虑色彩的民族性和地域性

在选择色彩进行车身装饰时，要充分考虑到色彩的民族属性和地域属性。比如说，在古代中国，黄色是一种很尊贵的色彩，因为黄色是只有皇帝可以使用的色彩，象征着皇权；而在西方，黄色让人想到耶稣的弟子犹大，代表着背叛、卑鄙的色彩，所以在色彩选择的时候要充分考虑所处地域的文化差异。《设计色彩导论》一书中指出，色彩是具有自身基本属性的，它是社会与人文属性的结合体。

此外，在现代地铁车辆车身涂装设计时，涉及人文、历史、传统、民族共同的基因可以引起人们固有的熟悉感，培养亲和力。因为，在人们的潜意识记忆里，色彩是具有深刻文化内涵的存在。基于此原则，在涂装色彩选择的时候，要满足色彩的民族概念，以及现代地铁车辆新的视觉形象，这将有助于塑造的别有风味的民族特色。

如图 6-1 中的伦敦地铁车辆，选择了红色和蓝色，色彩来源于英国国旗，表达了一种特有的民族特色。而图 6-2 中的武汉地铁 2 号线首列列车银色的车身上，夹杂着艳丽醒目的"梅花红"。走进车厢，扶手、座椅栏杆等也都漆成了"梅花红"，让人仿佛置身于东湖梅园之中。梅花是武汉的市花，所以武汉的首条地铁线路以梅花红作为标志色。

图 6-1 英国伦敦地铁车辆

图 6-2 武汉地铁 2 号线地铁车辆

最后，充分考虑色彩心理与情感

通过对色彩心理学的研究，可以得出，人在看到具有色彩的物品时，首先会注意到它本身的色彩，而这些色彩又可以使人产生相应的联想，就好像是色彩具有了清晰的情感，比如有时候我们会觉得色彩是有温度、有重量的，有时候又觉得色彩是柔软的，是快乐的、忧郁的，是兴奋的、平静的。现代地铁车辆的车身涂装设计，应充分利用这个原理来创建一个轻快稳定、快速清晰以及有亲和力的地铁车辆。

6.2.3 车身装饰设计

现代地铁车辆进行色彩装饰设计的目的包括改善车身原有的表面形象，补充和完善车身外观造型上的某些不足和缺陷，以及满足乘客审美需求。现代地铁车辆在进行车身装饰时主要采用区域色彩装饰、色带装饰和图形装饰的装饰手法。

图 6-3 上海地铁 3 号线地铁车辆的色带装饰 1

首先，区域色彩装饰

区域色彩装饰可看成是使用色彩对车身局部区域进行装饰的色彩面装饰，这种装饰具有使原本零散的某些构件能够获得具有高度视觉整体感的作用，主要用于现代地铁车辆前窗、侧窗和车门区域的装饰。图 5-6 中西门子 Inspiro 地铁车辆，该车辆的车门部分都使用红色做装饰，使车门部分形成高度统一的侧面效果，也使车辆的色彩统一中有了变化。

其次，色带装饰

色带装饰可以看成是通过使用细长的色带对车身进行装饰的彩色线条装饰，这种装饰使原本统一的车身色彩获得局部的变化，是现代地铁车辆车体侧面主要运用的装饰手法。

依照心理学的原理，装饰色带不应该繁复杂乱，而应该做到简明、有序，采用贯通车身侧面的形状如条状、带状都能满足这个要求，并且可以达到前后呼应、一体化的视觉效果。在车身侧面有时候需要划分功能区，这时在装饰色带的设计时，要考虑到这一点，来指示车体的各个功能区。图 6-3、6-4 中上

海地铁 3 号线地铁车辆利用了色带装饰的手法来分割功能区，红色和黄色色带将整个车身侧面进行了分割，车窗这个功能区被很好地区分出来。色带的分割将现代地铁车辆划分成不同的体面关系，各个体面之间既有联系又有区别，给人一种宽广、豁达的感觉。

图 6-4 上海地铁 3 号线地铁车辆的色带装饰 2

在进行色带分割的时候，要注意几何形状相同、大小均匀的色带，不同的位置设计，它所传达的感觉就会不一样，这往往会让人觉得这是不同的形状和尺寸，视觉效果就是不同的。从图 6-5 中可以得出车体侧面各种色带装饰形式所传达的不同的心理效果。

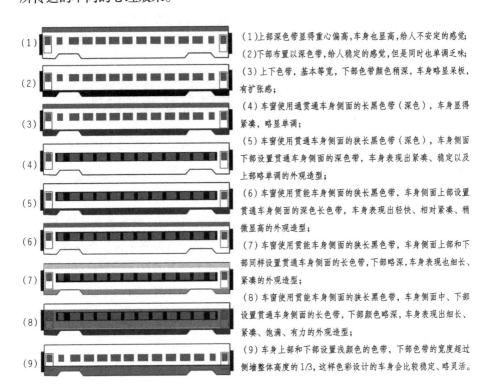

(1) 上部深色带显得重心偏高，车身也显高，给人不安定的感觉；

(2) 下部布置以深色带，给人稳定的感觉，但是同时也单调乏味；

(3) 上下色带，基本等宽，下部色带颜色稍深，车身略显呆板，有扩张感；

(4) 车窗使用通贯通车身侧面的长黑色带（深色），车身显得紧凑，略显单调；

(5) 车窗使用贯通车身侧面的狭长黑色带（深色），车身侧面下部设置贯通车身侧面的深色带，车身表现出紧凑、稳定以及上部略单调的外观造型；

(6) 车窗使用贯能车身侧面的狭长黑色带，车身侧面上部设置贯通车身侧面的深色长色带，车身表现出轻快、相对紧凑、稍微显高的外观造型；

(7) 车窗使用贯能车身侧面的狭长黑色带，车身侧面上部和下部同样设置贯通车身侧面的长色带，下部略深，车身表现也细长、紧凑的外观造型；

(8) 车窗使用贯能车身侧面的狭长黑色带，车身侧面中、下部设置贯通车身侧面的长色带，下部颜色略深，车身表现出细长、紧凑、饱满、有力的外观造型；

(9) 车身上部和下部设置浅颜色的色带，下部色带的宽度超过侧墙整体高度的 1/3，这样色彩设计的车身会比较稳定、略灵活。

图 6-5 车体侧面不同的色带分割方式与视觉心理效果

最后，图形装饰

图形装饰可以看作是将一些具有美感的图形色彩，抽象提炼出来，喷涂在车身上的装饰图形，使原本统一的车身色彩获得变化的视觉感受，是一种在现代地铁车辆车身涂装中应用很多的装饰手法。

图6-6 郑州地铁车辆中的"回形纹"装饰

"回形纹"是中国传统的吉祥图案，表达了源远流长、生生不息、九九归一、止于至善的中华民族优秀文化精髓。郑州地铁车辆车门部分就采用红色"回行纹"与车身色带相结合的图形装饰，将传统的中国元素与现代科技相结合，彰显了中原大气与时尚科技之风。

设计实践：青岛 M3 号线地铁车辆车身造型设计

现代地铁车辆的总体设计包括车身外轮廓的尺寸大小，车身平面、截面布局和供水、供暖、通风、电气设备选型和布置、内室设计等主要内容，它决定了车辆的结构类型、主要设计参数、性能等。

青岛市地铁 M3 号线把青岛火车站及其周边商贸圈、前海历史风貌保护区、香港中路城市核心商务区、市北中央商务区、四方东部商务区、李沧商务商贸区联系起来，为沿线各重点功能区、综合交通枢纽及居住区之间提供方便快捷的交通衔接。根据地理环境、客流量、社会效益以及经济效益等诸多因素的影响，选择具有相对较小形式的 B 型车，长 19 米、宽 2.8 米、高 3.8 米，每节车厢设计 4 对车门，方便乘客快速上下。

通过研究，青岛市地铁车辆采用 3 动 3 拖共 6 辆编组而成。整个列车设计最大载客量为 1896 人，30 年使用寿命。

图6-7 青岛市地铁M3号线地铁车辆编组形式

编组方式为：＋Tc1 — M1 — M3 — T3 — M2 — Tc2 ＋

其中：＋为半自动车钩，—为半永久式车钩；M1、M2、M3车：无司机室的动车，M1、M2车设辅助电源装置，M3车不设辅助电源装置；T3车：无司机室的拖车；Tc1、Tc2车：带司机室的拖车，其中Tc1安装信号车载设备主机。

车身造型的参数主要包括车体外轮廓尺寸和车体局部尺寸两方面。

1. 车体外轮廓尺寸

车身尺寸是指车体的形状及其长度、宽度和高度的尺寸。车体外轮廓尺寸直接影响现代地铁车辆运行的安全性、舒适性和经济性，是车身造型设计的重要问题，需谨慎对待。结合国内外现有地铁车辆的相关规定，确定相关参数尺寸如下：

表6-3青岛市地铁M3号线地铁车辆车体相关参数

项目		青岛市地铁M3号线地铁车辆
车体长度	Tc 车	19 500 毫米
	M1、M2、M3、M4 车	19 000 毫米
车辆高度		3 800 毫米
车体宽度（最大处）		2 800 毫米
车辆定距		12 600 毫米
固定轴距		2 200 毫米
地板面距轨面高度		1100 毫米
车钩中心线距轨面高度		660±10 毫米
车体内中心高		2100 毫米
轴距		2200 毫米
轮径		840 毫米
车门		电动塞拉门
车体材料		铝合金
车门高度		1850 毫米
车门开度		1300 毫米
司机室侧门		手动拉门
侧门高度		1850 毫米
侧门开度		560 毫米

2. 车体局部尺寸

车体局部尺寸主要包括前窗、侧窗和车门自身的外形尺寸，以及它们与车体间的安装尺寸。根据国内外现有的车辆，首先要确定选择弧形侧墙，然后对前窗、侧窗以及车门的相关尺寸及位置布置进行确定，如表6-3所示。

具体参数设置好以后，然后开始现代地铁车辆的具体外观造型设计。在对现代地铁车辆进行设计时首先是草图方案设计，其次是数字化表现，最后是色彩方案设计。三个阶段是按照工业设计的流程进行的。

在创意设计初期，采用草图的方式可以快速记录设计师的构想，并且在草图中反复推敲分析并解决问题。结合对现代地铁车辆的理论研究以及对青岛市M3号线地铁车辆的结构选型以及各相关参数的确定，经过大量的草图绘制，然后在不断修正的基础上，得出初期的现代地铁车辆车身的造型方案草图，然后进行数字化表现。在创意方案形成之后，采用计算机辅助设计对设计方案的结构、造型、色彩、图案、材质等因素进一步推敲，以期获得一种具有真实形态、色彩、质感形式的产品三视图以及侧视图。

图6-8 三视图

图6-9 侧视图

"红瓦绿树，碧海蓝天"最能概括青岛的景色，从中提炼出蓝、绿、红三种色彩运用在现代地铁车辆的色彩设计中，有利于增强车辆的识别性。选择白色作为主调色彩，其他的颜色作为辅助色彩进行车身色彩设计。

图6-10 色彩方案设计

1. 车头造型来源：青岛市作为一个海边城市，本身对大海的崇拜是很突出的。大海本身是既具有包容又具有危险的存在。所以在对车头进行造型设计时，在保证整体曲线造型的基础上加入直线的形式。

2. 色带装饰的来源：在车辆静止的时候，色带呈现的是断断续续的形式，但是当车辆快速运行时，则会给人一种节奏美。而弯曲的色带则是视觉重点的引导，即车头到了。

3. 对所涉及车辆人机工程学的分析：人体工程学是车身造型设计中，完成地铁车辆的使用功能要求的重要学科。它主要研究人与地铁车辆相互作用、相互协调的关系，实现"人—车—环境"的和谐统一。保证驾驶员座椅舒适、操纵灵活、视野宽阔，有效降低驾驶员的行车疲劳，提高驾驶的安全性。同时为乘员提供舒适、安全、幽雅的乘坐环境，以求达到身心愉悦、地铁车辆与人高度和谐的最佳状态（关于轨道交通工具设计中的人机问题和分析，详见本书第四部分）。在设计中主要体现在以下几个方面：

（1）在设计中通过使用大块面的前窗玻璃，使驾驶员前方视野宽阔，避免安全隐患的发生。

（2）车门高度设计为1850毫米，开度为1300毫米。通过对人体静态尺寸的研究发现，较高人体地区（冀鲁辽地区）男子的平均身高为1690毫米，女子平均身高为1580毫米；男性的身体宽度平均为383—486毫米，女性的身体

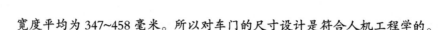

宽度平均为347~458毫米。所以对车门的尺寸设计是符合人机工程学的。

4.对车辆空气动力学的分析：空气动力学是流体力学的一个重要分支，是研究物体在与周围空气做相对运动时，两者之间相互作用力的关系及运动规律的学科。

由于现代地铁车辆的设计速度为80~90 km/h，在城市中心地区的运行速度一般为20 km/h左右，在郊区的运行速度可为30 km//h，综合运行速度较低，空气阻力对车辆的性能影响不大，所以在设计时，并未将车辆设计得过于流线型，以利于生产和节约成本。

5.从可持续发展对地铁车辆的造型设计进行思考：

（1）设计选材要注重环保，比如说车体的材料、车身喷涂的材料、车灯、车窗等材料尽量选择环保性的材料；车身造型设计成流线型，从而减少风阻，最终达到减少能耗的效果，以及选择轻质的材料以减少碳排放。

（2）当使用寿命结束时，车体的各部件，甚至是很微小的零件都可以回收利用。

第三部分 用户唯善：基于剧本的用户研究和车厢内饰设计

由于制造城市轨道交通工具的造价高、难度大，产品一旦投入使用后，就很难再进行全面的改进了，因此，在产品策划阶段，车厢内设施与乘客的乘坐需求相吻合就显得特别重要，这就需要针对城市轨道交通工具的用户特征进行分析，找到影响用户乘坐体验的因素，为地铁车厢内部设计提出一些具体的设计建议，并用设计的方式来体现，以提升乘车环境和美感，并通过感官上的体验刺激、氛围的影响来激发乘客的情感体验，满足乘客乘车过程中的身心需求，获得更佳的乘坐体验，进而提升地铁车辆的市场竞争力。

虽然有许多创意设计、市场研究及用户研究的方法，但是怎样将这些方法的理论知识运用在实践中，为轨道交通工具设计师指引方向？纵观当前的设计研究和实践，剧本导引法是卓有成效的。剧本导引设计法最大的优点是兼具理性与感性的思量，将设计视为用户与产品互动的过程，一方面，理性地推演用户身处的环境状况，由社会、经济、科技等大环境到客厅、办公室、地铁等周围环境，都能借由严谨的量化数据建构起栩栩如生的故事背景；另一方面，借由参与观察、深度访谈、自我陈述等质化方法描写人及其活动。

剧本导引法通过对过去的经验及对用户的调研观察，理智的猜测用户行为和兴趣爱好，将角色、情景、产品和环境置于虚构故事中。在设计过程中，通过描述整个用户经历，体现产品的功能效用。本书基于剧本导引法来进行用户研究，并在此基础上进行城市轨道交通工具车厢内饰设计，以使地铁车厢内部的环境更加舒适、美观、方便、安全。

第7章　剧本导引设计法

在产品设计过程中，普遍存在着两种情况，一种是物（产品）的规格、功能、外貌等都模糊不清，感性的设计师往往依赖其美学知觉，如创作艺术品般设计未知产品，这类产品容易孤芳自赏；相反地，另外一种是理性的设计师依循大量定量、定性的数据判断未知产品的特性，但往往忽略、误解使用者的需求、期望、忧虑等内隐特质，这类产品功能齐全却无法感动人心。怎样令设计师更加理解用户的内心需求，从而设计出符合用户期望值的产品？古语云"子非鱼，安知鱼之乐"，你不是用户，你怎么知道用户的需求呢？只有设计师通过与用户进行交流沟通，在沟通理解中了解用户需求，站在用户的角度去思考，尽力使得设计师的心智与用户的心智更加接近，才能设计出更符合用户心目中的产品[①]（如图 7-1）。

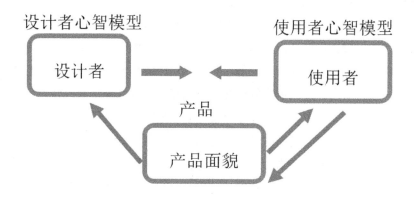

图 7-1 设计交流

---

① 余德彰，林文绮，王介丘.剧本导引—资讯时代产品与服务设计新法 [M].北京：机械工业出版社，2002：75.

7.1 剧本导引法概述

传统的设计模式多以设计师的视角出发来研究设计，推敲产品，忽略了设计师与用户之间在产品认知上的差异，结果往往是设计师花很大工夫设计的产品，上市后用户却不满意。在产品越来越丰富的今天，如何发现用户潜在的需求，设计出用户真正想要的产品是设计师们关注的焦点。剧本导引设计方法是一种解决上述问题行之有效的设计方法。

7.1.1 剧本导引法运用现状与发展

剧本导引法（Scenario Oriented Design）又名情境故事法，是众多设计师研发的能传达方案的方法之一，是理解和描述用户期望的一种道具。它最早是由一家已被英国 FITCH 设计公司所并购的美国设计公司在为全绿公司设计开发影印机面板时采用的方法。观察人机如何互动是其最初的应用领域，后来才渐渐在各类产品设计中得到推广。20 世纪 90 年代，这种方法由全球顶尖的工业设计公司 IDEO 发展并完善后，形成系统的、可行的剧本导引设计法，在应用上越来越广泛。

国内的宏基（Acer）电脑是最早将剧本导引设计法引进的企业，万事通 Acer PAC（Personal Activity Center）就是运用此方法成功研发了视讯会议产品，并于 1993 年将台湾精品奖的金质奖收入囊中。

江南大学江建民教授、夏敏燕同学（2005 年）运用剧本导引法研究了 SOHO 一族使用的多功能一体机；中国美术学院潘小栋基于厨房套刀的载体研究进一步地完善了剧本导引设计法。剧本导引设计法、用户故事、情境设计法也因此声名远播。

7.1.2 剧本导引法原理：人、境、物、事

剧本导引设计法中的剧本是依照时间顺序将一些动作及事件的片段描述所串联而成的。它浓缩后的故事，包含人、境、物、事（活动）四种元素。人的角色部分指物的使用者的特质，通过外貌、职务、喜好等外显特质体现其购买力、操控力、体力、人格性向、价值观等内隐特质；境的背景因素则是考虑到影响物品使用者的环境因素，诸如居住空间、时间分配、社会习性、流行风尚、经济结构与工作性质等；物的方面则指与物品使用者发生关系的物品属性，诸如物品功能、价格、造型、轻重、大小等，如下图 7-2 所示。根据事件的顺序，将这一系列活动串联起来，就可编写出剧本。剧本导引法就是先建构一个人、境、

物、活动能顺畅自然地互动的故事，并在这基础上创造出合乎生活脉络的产品①。

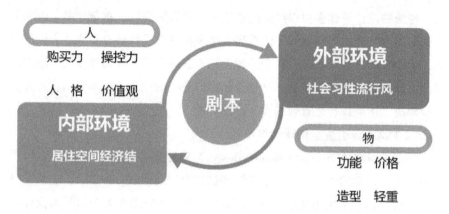

图 7-2 剧本导引设计法原理

7.1.3 剧本导引法的作用

首先，用户中心化

如前所述，剧本导引法是用户中心化设计方法之一，它最大的特点在于能帮助设计师考虑可能的使用者反应和使用者差异性。本质上，用剧本描述使用者的行为是设计以使用者为中心的发展与表现，透过不同的情境了解和发现潜在客户的各种需求，再抽丝剥茧找到"核心需求"，根据"核心需求"重新撰写剧本，透过剧本的导引，设计师就能非常顺利地将解决方案表现出来。

其次，促进团队内部沟通

剧本法的主要特色就是利用人类基本思考与表达架构故事，透过这种表达架构，让设计者吸收、转换，将相关资讯用于自我内化与团队沟通。在每个故事展开时，设计师用各种方式说明、寻求设计目标。不管是企划者、设计师还是工程师，都可以通过剧本来沟通，既可将信息简化为可管理的形式，也可将想法复杂化。作为一种交流技法，剧本能传达复杂的经历，对产品、品牌和服务的分析和设计都有用。

---

① 余德彰，林文绮，王介丘.剧本导引——资讯时代产品与服务设计新法 [J]. 田园城市，2001：63.

再次，降低成本

在开发设计流程中，剧本导引设计法的引入运用，可以有效地降低成本，在早期就能够避免许多错误。同时真实反映用户的内心需求，帮助设计师确定产品需求规格，提高产品开发效益。[①]

然后，关注细节

因为一个剧本仅围绕并讨论某一个问题，集中体现细节化的环境，容易以相对少的时间段为重心。经过制作在特定环境下典型用户的行为场景，剧本促进研究者寻找、剖析问题的每个细节。

最后，运用广泛

剧本导引设计法在很多领域获得运用，不仅仅在工业产品设计领域，还包含由战略策划、概念推进到产品服务的开发，比如产品设计、互动设计、传播设计等，由此加强用户的体验效果。

7.1.4 剧本导引法缺点

当然剧本法也有其操作的障碍：需要特殊技能和互动合作的方法，是一种主观的方法；不可避免有偏见，应以宏观角度加以分析，需要广泛的市场、技术、竞争智能基础等；容易流于空想。同时需警惕的是，剧本导引法是补充的产品开发工具，而不是要改变新产品开发的传统或经典方式。

7.2 剧本导引设计法的发展程序

本书通过研究发现，剧本导引法的主要概念是对应用剧本引导设计方面的界定，没有对流程操作实践做出界定。也有一些研究人员做了关于流程的界定划分，主要有：1993 年，Veprlank 等人把剧本法的操作流程分成观察、角色设定、剧本、创造四个阶段。余德彰等人（2001 年）认为，剧本法的执行流程

---

① Pna（1999）认为，剧本法的优点有四个：

1. 描述使用者的剧本贯穿开发流程，在每个阶段都能考虑到使用者需求。

2. 经由基本验证，许多错误在早期就可以避免，可降低开发成本。

3. 剧本法所开发出来的需求规格包含正规与非正规，此规格是公认较为理想的需求规格。

4. 剧本法可实际应用于软件开发流程。

有如传统的作文基本原则："起、承、转、合"。①如图 7-3 所示。

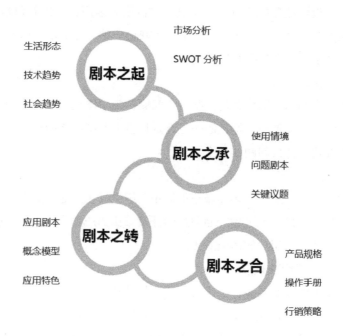

图 7-3 剧本导引操作流程——起承转合创意引导

"起，承，转，合"包含了完成剧本的四个阶段。角色的选择是首先要做的。角色选择就是用户的故事，然后撰写麻烦剧本和梦想剧本，人、境、物互动于剧本中，以时间和富于趣味性的故事线索将整个故事串联起来，经过与用户的反复交流，最后整合出的剧本就是用户情境的剧本。

剧本之起是通过社会趋势、生活形态、市场定位、解读分析用户的面貌、活动地图等，使设计者得以融入背景情境（即用户故事）。挖掘出潜在用户，了解什么是用户所需，什么是用户所想，什么是用户所知等具体的问题。在使用剧本法时必须有充足的资讯作为剧本发展的支撑，例如环境资讯、使用者面貌等。通过宏观与微观对用户进行研究，前者主要考虑用户所处的大环境，后者是更深入地分析使用者。设计师设计剧本的第一个步骤，是进行微观研究从

———————————

① 余德彰，林文绮，王介丘. 剧本导引——资讯时代产品与服务设计新法 [J]. 田园城市，2001：99-102.

特定的主题中切入到用户的领域中，了解用户的使用方式和使用文化。要设计出真正用户中心化的产品，设计师必须以广泛收集用户故事，并和用户深入交流为基础，充分了解用户需求。

剧本之承是通过"麻烦的剧本""梦想的剧本"，把内隐知识如互动模式和使用情境以及关键议题等外化带出，以累积问题灵感和张力获得解决。获得抽象的、高层次的需求剧本，设计师必须通过综合收集而来的用户故事来完成。概念剧本要把演员表列出并标出活动地图，概念发展的基本逻辑框架必须以此为基础。演员表上往往把3到5个特征鲜明有名字的角色作为目标用户群的代表。演员的属性应当具有很广的涵盖面。活动地图又名为用的地图，它是以图表将物品和使用者发生的相关活动的分布简要标出，可按时间和地点及活动顺序在列表中排列出使用情境，将其作为活动范围的框架，设计者可以没有遗漏地按图索骥。

剧本之转就是要通过"应用的剧本"和"互动的剧本"，将灵感具体化，使之转变成互动概念和应用概念以及产品仿真等具体概念。应参考委托单位的企划背景资料和用户故事研究相关成果来设计活动地图与演员表，针对目标产品的使用市场分区、产品定位，来保证足够广的覆盖面。将活动地图中描述的主要使用情境结合用户使用习惯和心智等因素，再配合企业产品的市场企划与产品定位策略，根据使用场合的效益，挑选并发展效益高的场景。演员（用户）的重要性、发生频次、期望值决定了效益。

剧本之合就是通过"行销的剧本""使用的剧本""测试的剧本""商展的剧本"，把概念转化为更具体成熟的产品型录、规格以及营销策略。在确定剧本纲要后，剧本导引设计法会大量采用视觉化素材，如漫画、故事版、照片、影片来描绘使用者的活动。在剧本具象化之后，故事的瑕疵会易于发现，可使故事得到及时修改；内隐知识可通过剧本图像化来具象化，这也成为设计师更能体察使用者的情感途径。与此同时，情境剧本可以成为不同工作者在产品设计、评估、制造、行销、贩卖等设计环节中的共享平台。

根据以上理论阐述，使用剧本导引法进行用户研究和车厢内饰设计的具体步骤如下：

剧本之起：通过用户研究，选择合适的用户作为剧本引导法中的"主角"。"主角"具有完好的"用户模板"，同时设置"用户故事版"。撰写者应该对"用

户"特别清楚，所有的用户数据需建立在调研的基础上。

剧本之承：给"主角"设定乘坐轨道交通工具活动开展的场景，包含时间、地点。

剧本之转：设置"主角"的活动需求和活动过程中的问题。

剧本之合：撰写"主角"运用"产品"后完成任务，解决困扰的完整过程，从而产生方案设计。

7.3 剧本的表现形式和撰写

7.3.1 剧本的表现形式

Simon Sade（1996 年）将产品设计和用户界面使用的各种途径进行了综合的对比和挖掘，提炼出了视觉可视化描述如草图、故事板、绘本、用户界面操作地图、物理立体三维模型、纸质 UI 交互式样板、交互 UI 样板和计算机物理建模等几大类的表现方式，并根据用户需求、情境建设、设计产品和设计展示方式得出剧本法是设计程序中最重要的这一定论[1]。

通过对照片、数据图表、对话框和最初的概念设计草图等一系列视觉元素的研究剖析出可以用来支持剧本中的角色、情形以及环境可能的标准形式就是剧本法。它的表现形式各异，主要可以归纳为：以卡通的形式进行描述；一系列的表现形式例如：描述角色、情形，用环境的语言和图形等艺术手法来表现。这些可以让整个过程变得更加具有趣味性而且简单，更有助于对视觉化剧本进行研究。设计师会根据剧本对用户经历的上述描述创造通过概念来表现物理形态的基础。

在早期设计起步的阶段，更多的简化和传达用户命令的知识结构都可以通过故事板表现出来。文字会对视觉化的东西进行整合并能更便捷地让用户理解并提供给他人。这可以让更多分工不同的工程师、经理、设计师在相通的构架基础之上进行研发和使用。不断进步的视觉剧本体系在进行故事整体化描述中，会让更多的潜在人群潜移默化地去接受这种新的设计思路和更好地用这种方式

---

[1] Kate Welker，Ph.D.Elizabeth B.N.Sanders.Design scenarios to understand the user. Design scenarios.Innovation.Fall 1997.The quarterly journal of the Industrial designers Sosiety of America.Great Fall：24-27.

去创造更加复杂的想法，会让工作人员及时地得到设计结果并能促使他进一步地去改善和调节设计所存在的缺陷。

对于应用剧本法的理解更多来自于最原始的故事积累，通过对不同场景的合理分配可以创造不一般的效果。当然最主要的场景需要自己仔细斟酌，把在场景里最重要的画面作为自己写作的首选要素。在创作的过程中，不断跳跃的场景，可以有助于你全方位地构想一个完全属于自己的空间。但是要注意一点，就是场景的情节安排是最重要的，至于里面所发生的详细经过大可不必进行过多的渲染。

7.3.2 剧本的撰写

一些难以在短时间内解决的，富有趣味性或者挑战性的事项我们称之为"议题"，一般情况下 3~5 个议题比较适宜而且有足够的发挥空间。在通过对 4~5 个分镜头的搭建描述后，要将每个剧本中的议题挑选出来排成识别度比较高的序列，通过寻找他们之间的关系和相似的程度来合理区分。如果在挑选的过程中可以找到显而易见的关系，那么这些议题可以归纳为一个体系，然后总结出最上层的议题。在不断的梳理写作过程中，脑海里就会体会到对实际情景所遇到困难的具体要求，在这种状态下可以激发人的创造性而形成一套解决问题的思路。我们可以根据自己所得到的思路来对议题或上层议题的归纳比较而得出一个能够全局化的转换机会，如下图 7-4 所示。

图 7-4　剧本撰写流程

总而言之，所得到的方式必须能够解决已知的困难，满足自己划分的议题剧本的要求，通过对整个解决方案的分析和梳理可以合理地应用到原来的分镜中而造就一个全新的剧本[①]。

---

① 余德彰，林文绮，王介丘．剧本导引——资讯时代产品与服务设计新法 [J]．田园城市，2001：77-79．

第8章 剧本主角：用户研究方法与特征

8.1 城市轨道交通工具用户研究方法

用户研究领域有着相当广泛的研究方法。好的研究方法在恰当的时间用到恰当的地方才能发挥其应有的效果。本章之城市轨道交通工具用户研究中通过用户观察、深度访谈和比较分析法，针对轨道交通工具所涉及的使用过程、使用环境、使用态度等一系列问题，通过了解个人如何看待、理解这些产品的态度，进一步研究特定产品与其现行生活方式某一方面的行为之间存在的联系，通过实地考察理解产品被使用时的环境及情形以理解产品发挥作用的来龙去脉[①]。

8.1.1 用户观察

用户观察可分为在可控制场景下的观察以及现场观察两种方法。在对乘坐城市轨道交通工具的用具进行现场观察的方法。

对用户的观察内容为：乘客的年龄、性别、携带行李的多少；地点为广州体育中心站、公园前站、长寿路站、万胜围站、广州火车站（如下图 8-1、8-2）；时间为 17 点 ~19 点；通过记录获得广州市轨道交通工具用户的用户特征。

图 8-1 地铁站楼梯间 1   图 8-2 地铁站楼梯间 2

---

① 胡飞.洞悉用户 [M].北京中国建筑工业出版社，2010.8.

除了用户现场观察，还对城市轨道交通工具的乘客在乘坐地铁过程、周边情境和乘坐状况进行研究，以了解乘客对城市轨道交通工具的看法，探索潜在用户的内心需求，并透过在地铁站的观察和体验，了解城市轨道交通工具在实践中是如何运作的。

8.1.2 问卷调查

问卷是为了搜集人们对某个特定问题的态度、观点或信念等信息而设计的一系列问题，其形式是一份精心设计的问题表格，用于测量人们的态度、行为等特征。问卷调查法也叫问卷法，它是研究者选取适当的问题向特定的调查对象调查时间或询问建议的调查方法。问卷调查最重要的一件事情就是确定调查对象。对于城市轨道交通工具的用户问卷调查，调查的地点选择为：广州市各地铁站，调查的内容为以附录保存。

8.1.3 用户访谈

用户访谈指的是和用户进行面对面的交谈。

本研究依据"人—境—物—活动"的故事基本架构，整理出下列访谈问项：

人：姓名？性别？年龄？职业？是否和老年人、孕妇或儿童一起乘坐？

境：在地铁里做什么？站着和坐着分别做什么？车内的视频或窗外广告是否会吸引你？你觉得有什么可以让乘客感觉路程短一点？乘坐地铁有什么不便的地方？

物：如果您携带大件行李乘坐地铁如何处理？你是否有了解过车内有哪些配套设备？你希望车厢设备有哪些改变？比如：色彩？造型？功能？

活动：经常坐地铁吗？一般乘坐时长是多少？能否描述下乘坐地铁的步骤？是否遇到过突发事件？

通过以上三种方法对乘坐城市轨道交通工具的用户进行研究分析，选择出适合的剧本"主角"及其"角色模板"。

8.2 城市轨道交通工具用户特征研究

样本：使用轨道交通工具（地铁）的用户组成本次研究的总样本，其中摄取"有效样本"数 8604 个。

研究区域：广州

研究内容：乘坐轨道交通工具人群特征，乘客的年龄、性别以及携带行李情况。

8.2.1 乘客的年龄构成

通过样本的调查，可以把样本中的使用产品的乘客划分为 4 种，主要为儿童、青年、中年和老年人。划分年龄的节点如下表 8-1：

表 8-1 年龄划分

儿童	≤ 15 岁
青年	16~39 岁
中年	40~59 岁
老年	≥ 60 岁

本研究中，进行现场观察的时间为工作日高峰时期：17：00~19：00，对广州市体育中心站、公园前站、长寿路站、万胜围站、火车站这几个站点进行调查了解乘客的年龄构成比重。这次调查中共得到 8604 个有效样本，样本数据结果如下表 8-2、图 8-3 和 8-4 所示。通过样本数据显示，中青年乘坐地铁占多数，所以城市轨道交通的乘客组成以中青年为主。

表 8-2　城市轨道交通乘客年龄构成

站名	不同年龄的乘客数量（1）				不同年龄的乘客所占比（%）			
	儿童	青年	中年	老年	儿童	青年	中年	老年
体育中心站	11	1483	293	48	0.60	80.82	15.97	2.62
公园前站	19	1393	364	63	1.03		19.79	3.43
长寿路站	19	1475	223	23	1.09	84.77	12.82	1.32
万胜围站	20	1332	344	47	1.15	76.42	19.74	2.70
广州火车站	12	1160	236	39	0.83	80.17	16.31	2.70
合计	81	6843	1460	220	0.94	81.65	16.97	2.62

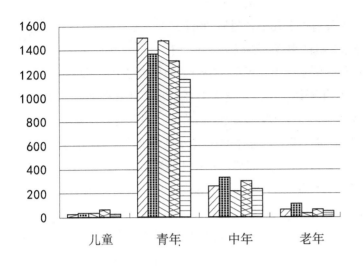

图 8-3 城市轨道交通乘客不同地铁站的年龄构成图

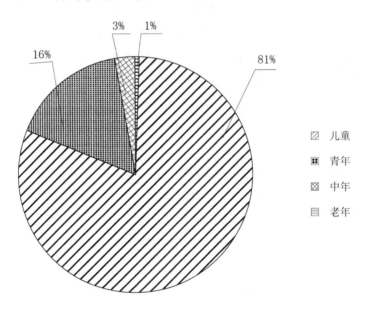

图 8-4 城市轨道交通乘客年龄构成比例图

分析表 8-2 及图 8-3 和图 8-4 可以得出这样的结论，广州城市轨道交通

车站乘客的年龄构成主要有以下几个较明显的特征：

（1）城市轨道交通工具的乘客主要以中青年为主

在城市轨道交通使用的乘客中，青年人群所占的比例最大，平均使用率达到75%以上；其次是中年群体，所占比重为15%~20%。相比较而言，儿童和老年人所占的比重则较小，分别占到1%和3%左右。对于这种中青年所占比重达到95%以上，儿童和老年人占总体的比重总和不超过5%的现象，我们总结了其主要原因是儿童和老年人在日常生活中出行次数较少，且进出城市轨道交通对于他们而言比较费力。生活中，通常老年人的出行时间比较充裕，他们会选择非上下班高峰期出行。儿童所占的比例最小的原因，则是大城市的轨道交通系统比较复杂，大人认为儿童独自外出的安全系数比较低，在没有大人的陪伴时小朋友们大多不会独自出门。除此之外，儿童平时都以家与学校所构成的两点一线为他们的主要活动区域玩耍。作为家长，在为孩子选择学校时，通常会将距离家所在的小区交通比较便利的学校作为他们优先考虑的对象，便于接送。地铁乘客中的儿童年龄大都较小，且大多数是在大人的陪伴下出行。从经济角度考虑，中年人的经济状况通常要好于大部分于青年人，他们通常会选择自驾车出行或坐出租车出行。就工作状态而言，青年人精力较充沛，经常处于赶时间的忙碌状态，且青年人的年龄划分跨度较大，为16~39岁。

（2）在观察的车站中，各车站的乘客年龄构成类似

在我们调查过的五个车站中，体育西站地铁站是青年人这一群体乘用车站中所占比例最大的，为84.77%。而比重最小的是万胜围地铁站。中年人一类调查中所占比例最大的为广州火车站这一地铁站，占19.79%；而所占比例最小的为客村站这一地铁站，占12.82%。在使用地铁目的、性质不同的其他地铁站内，乘客的年龄构成差别可能会受到周围特有的建筑或者物体所影响，例如附近有动物园的地铁站，这样儿童群体所占的比例会相对大一些。

8.2.2 乘客的性别构成

在不同地铁站的乘客调查采集到的性别构成调查结果如下表8-3所示，把不同地铁站的乘客性别构成用柱状图形象化表示，如下图8-5和图8-6所示。

表8-3 城市轨道交通乘客的性别构成

站名	不同性别的乘客数量（人）		不同性别的乘客所占比例（%）	
	男	女	男	女
体育中心站	1340	988	51.70	48.30
公园前站	1654	1618	57.83	42.17
长寿路站	1706	1594	57.56	42.44
万胜围站	1555	1134	60.29	39.71
广州火车站	1049	691	50.55	49.45
合计	7304	6025	54.80	45.20

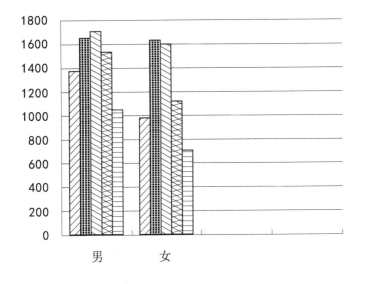

图8-5 城市轨道交通乘客不同地铁站的性别构成

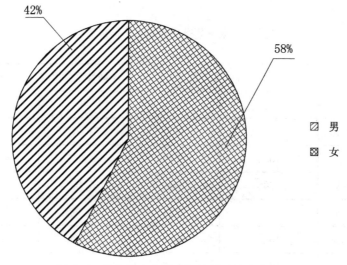

图 8-6　城市轨道交通乘客的性别构成比例图

分析表 8-3 及图 8-5、图 8-6 可以得出，城市轨道交通车站的乘客性别构成有以下特征：

（1）男性所占的比例大于女性

从观测到的结果可以看出，男性所占总体的比例均超过 50%，所占比例最大的是广州火车站地铁站，达到 60.29% 的比重，这与广州火车站的乘客构成有关。因为广州火车站的本质目的是出差人员所占比例较高，而经常出行的出差人员大部分都是男性，因此男性占群体比例自然而然较大。在所有的比例中所占比例最小的是公园前站，占 50.55% 的比重。

综合观察检测的五个地铁站的数据总体结果为男性占 54.80%，高于所有的女性所占比例近 10%。

（2）长寿路站、公园前站等大众化购物区较多的站，女性所占的比例较高

长寿路站附近上九路、下九路以及状元坊等有大众化的大型购物中心存在；在公园前站附近有以北京路为代表的购物集中地，由于喜好逛街是大多数女性的天性自然，其所占比例就会相应增加。

而在体育中心站附近因为有正佳购物中心、太古汇与万菱汇等大型广场，这吸引了大部分中高档消费群体，因此吸引到的乘坐地铁的女性消费者则相对较少。

综合得之，公园前站的女性所占比例高达 49.45%，长寿路地铁站附近的女性所占比例达到 48.30%，两站的女性乘客率均超过广州火车站与万胜围站的女性占据的比重。由此我们可以得出，不同的地铁站的乘客性别构成会存在差异，周边的土地利用状况及建筑设施对乘客的构成在很大程度上会有一定的影响。

8.2.3 乘客携带行李构成

根据乘客出行携带行李的多少，可以将乘客大致分为以下四类：

无或携带较少者：指乘客出行一般不携带行李或仅仅携带一个普通的小背包、电脑包或小书包等小体积的物品。

携带行李一般者：指乘客出行携带较小的行李箱，通常为出差用的背包或携带两个与电脑包大小相似的行李包等一般体积的物品包。

携带行李较多者:指出行的乘客携带一个较大行李箱，或两个中等背包等。

携带行李很多者：指出行的乘客携带一个较大的行李箱，携带两个普通行李箱或三个及其以上的中等大小的背包甚至更多行李体积较大的物品包。

基于以上划分标准，广州市体育中心站、天河客运站、长寿路站、万胜围站、广州火车站的城市轨道交通乘客携带行李构成如下表 8-4 及图 8-7 所示。

表 8-4　城市轨道交通乘客携带行李构成

站名	乘客携带行李构成（人）				携带行李不同的乘客所占比例（%）			
	少	一般	多	很多	少	一般	多	很多
体育中心站	1563	23	18	4	95.88	3.00	1.07	0.05
公园前站	553	18	11	3	99.02	0.73	0.18	0.06
长寿路站	1886	59	21	1	48.10	38.16	10.46	3.28
万胜围站	1619	12	3	1	97.20	1.43	1.12	0.25
广州火车站	837	664	182	57	94.53	3.08	1.88	0.51
合计	6458	776	235	66	85.71	10.30	3.12	0.88

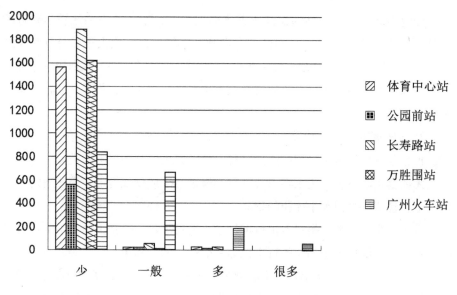

图 8-7 城市轨道交通乘客不同地铁站的携带行李构成图

从表 8-4 及图 8-7 中我们可以对比得出，城市轨道交通工具乘客使用者所携带行李的构成主要有以下几个特征：

（1）乘客携带较少的行李占据整个群体的主要比重

在调查的所有地铁站乘坐过程中，除火车站特殊情况外，我们得知均有90%以上的乘客会选择携带较少的行李或者不携带行李出行。而在携带较少的行李的乘客中，我们得知有平均 80.4% 的乘客仅仅只需要携带一个盛放随身物品的小提包即可，其中女性所持这种现象居多。这在很大程度上与小提包成为现代女性的一种重要的随身携带装饰物品有很大的关系。与此相反的是不携带行李的乘客大多数是以男性为主。

（2）乘客出行携带行李的多少与出行目的成正相关

在很大程度上车站附近的用地性质决定了大部分乘客的出行意图，其携带行李会因出行的目的而异。在这当中，火车站携带行李较多的乘客所占的比例很显然会比其他地铁站多。其主要原因是很多乘客选择去火车站的目的大都是因为需要远距离出行，而像出行较近的体育中心站、长寿路站以及万胜围站等携带大量行李的乘客所占的比例很小。其原因是这些地铁站的乘客大多以短途出行（上下班等）为主，他们不需要携带很多的行李即可满足生活。在像公园

前站一类的车站中携带行李一般的乘客所占的比重较大，达到了38.14%。综合各个方面的因素可以得出，大部分出差的乘客会选择携带一个简单的背包或一个小行李箱随身携带。

（3）某些特殊的日子会影响乘客出行携带行李多少

另一个不可忽视的因素是在不同的时期，乘客出行携带行李也有异同，像大型节假日期间，例如国庆节、春节一类长假以及国家规定的时间较长的节假日前后。大量的乘客是因为选择进行远距离的出行，自然会携带相对平时都要多一些、大一些的行李。

8.3 用户调研分析

在调查地铁乘客的群体中，我们得知中青年群体占据主体地位，其次是老年人和儿童群体。而在轨道交通工具的设计时，需要将老年人的行动不便和儿童的安全性纳入考虑范畴，与之相协调的措施就是在非高峰期进行适当的帮助和调节来增加老年人乘坐地铁出行的比率，从而使城市轨道交通的利用率趋于最大化。

根据乘客出行行李携带量的多少，建议在设计地铁的时候要考虑在不同车站乘客所携带行李的不同来提供更多的乘客储备箱，以满足携带过多行李的乘客的需要，为他们提供更多的便利条件来让他们感受到地铁的人性化设计。

以下针对乘客乘坐地铁时，因车厢设备不足造成的挫折感与梦想。由于所调研对象提出有一些挫折梦想需牵涉内部结构问题，本研究不进行讨论，故在下表中列出的仅为外形、某些不合理或某些可能会牵涉车厢内装设备以及使用者的梦想，如下表8-5。

表8-5 乘客乘坐地铁的挫折与梦想

挫折	梦想
1. 车厢内的温度时高时低	车厢内温度控制为恒温
2. 没有喂奶换纸尿片的专门区域	设置专门的婴幼儿喂奶换纸尿片区域
3. 凳子是不锈钢材质，太滑	可采用摩擦力强的材料

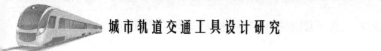

4. 人多时，车厢内有座位的乘客无法知道有需要照顾的老人或婴幼儿童	地铁车厢门口设计按钮，有小孩或老人进入车厢可以通过按钮提醒
5. 扶手、拉环数量少，人多时，上面横杆又太高，导致扶不到	可以降低及增加横杆数量或拉环可以伸缩
6. 车厢内或地铁站内没有卫生间	车厢内或地铁站提供卫生间
7. 上班高峰期，人太多，导致车厢内太拥挤	增加设备：实时显示车厢人员荷载量，提醒乘客不要盲目地拥挤进车厢

第9章 剧本载体：车厢内饰

在基于剧本的用户研究和车厢内饰设计中，剧本的实施载体是车厢及其内饰，因为它直接影响且决定地铁的乘坐体验。地铁车厢内部的设计、功能的实现、材质的选用、处理方式等都会影响乘客的体验感受。要以用户为中心，让乘客在乘坐过程中感觉更舒适、安全、便捷，在此基础上，尽量让乘客在乘坐的过程中有不一样的体验，能留下美好、深刻的印象和保持愉快的心情。

9.1 地铁空间语境

地下交通的发展是地上交通的延伸，是空间更合理利用的完美方案，地铁出现使人们出行的范围得到进一步的扩大，而且从地铁内部的空间承载量而言，它更好地诠释了微小的空间所能容纳一个小社会的魅力。对于居住、办公、室外公共等空间而言，地铁内部的空间是一个全新的格局，它们之间有着密切的联系，而且这种联系是全方位的并且有着很好的结合作用。对于乘客来说，在不同的空间范围内存贮着不同的记忆连接点，这些连接点构成了一个完整的地铁车厢的空间状态展示图。每个独立的地铁车厢将这些记忆集中起来并且在不同的地点周转、放大、集中。

地铁作为城市空间构成的重要部分，其所属的空间状态是私人与公共的双合一，室内外空间的公共性质和场所精神在这里能得到充分的表达，并且地铁是一个动态与静态的矛盾结合体，绝对运动与相对静止的呈现平台。同时，地铁也是构建空间模式的一种完美的连接桥梁，它的存在是人类活动得以延伸的一种最重要的途径。

据有关环境心理学家研究，他们按自己的方式对空间传达的有关信息进行了分类，具体可分为"高承载"（high—load）空间和"低承载"（Low—load）空间，前者是指一个具有变动且复杂拥挤并带有高密度和陌生的空间，后者指的是一个安静祥和并为自身所熟悉的空间。从以上不难得出地铁内部的空间无疑属于前者范畴之类。

人气集聚的地方永远都会在地铁的周围呈现开来，地铁将人群从一个地点

带到另外一个地点，将地上文化带到地下并四散开来。如今地铁所代表的含义不仅仅是一个运输载体，它更多呈现的是现代与传统的交集融合，无时无刻不散发着青春的活力和时尚。

9.2 车体内装

车体内装是指对车辆内部的一种装修，包括车体侧墙、端墙、车顶、底架等所有部件的范围，造型、色彩、隔音、隔热这些都是装修时所要考虑的因素。车体内装的舒适度是基本的要求和基础，只有通过优美的环境设计、色彩给人温馨的感觉，构造的合理布局才能有效为乘客提供优质的乘坐条件。此外，车体内装对装修的材料还有严格的要求，包括无毒无害、防火防烟等性能要求。并且，在内装时，还应总体优化车内设备与车体结构连接的关系。

底架通常是指地板、地板布、隔声隔热材料、支撑梁及阻尼浆等材料构成，包括了广州地铁等一般地铁都采用了这些材料组成底架。为了促使地板达到有效防火的功能，广州地铁采用了铝蜂窝夹层复合铝板的材料替代北京早期地铁车辆所采用的胶合板。侧墙和端墙的具体结构均是由墙板、隔声、隔热、支撑梁和阻尼浆等材料组合而成。

北京地铁 DK6 以前的车辆侧墙与端墙板采用两面黏结塑料贴面板的胶合板，支撑梁采用木质件，隔声、隔热材料采用超细玻璃棉和阻尼浆。该结构的突出缺点是防火性能差。针对这一缺点，对后期生产的车辆进行技术改进，主要措施是减少木材用量和对使用的木质件进行防火处理，采用复合铝板代替胶合板，使防火性能得到改善。

广州、上海地铁车辆的侧墙和端墙的墙板采用塑料和铝板的复合板，支撑梁采用金属梁，隔声、隔热材料采用矿渣棉并用铝箔包装，金属铝墙的内表面涂有阻尼浆。深圳地铁车辆亦采用类似结构。

车体内装中，车顶一般需装修空调或风扇的风口、立柱及灯具等设备，较为复杂，因此顶板的安装应当与上述设备统一协调优化，才能收到良好的效果。北京地铁车辆的车顶，早期的顶板由钢板或铝板表面涂漆而成，通过纵向木梁和木弯梁固定在钢结构上，隔热、隔声材料为超细玻璃棉，由玻璃丝布包装后固定在涂有阻尼浆的钢顶板上。

上海、广州地铁车辆设有空调，车顶的内装与北京地铁有明显的不同，风道设在车顶中部，由铝合金波板制成，整个风道外表面均覆盖隔热材料，以防止风道能量的损失和结露。风道的出风口在风道底部的两侧，灯带设在风道的两侧，三排立柱上端固定在内顶板上。内顶板由具有表面涂层的铝蜂窝夹层复合铝板制成，其悬吊及支撑梁由金属材料制成，隔热、隔声材料为矿物棉，由铝箔包装而成，在铝顶板的内表面涂有阻尼浆。

9.3 车内乘坐设备

9.3.1 侧门设计

地铁作为一种高效便捷的交通工具，具有快捷、准时、方便及舒适的特点，这就要求对地铁车辆应进行严格的设计，尤其是车厢侧门这种乘客必经的部位，应更加注重高效、安全、顺畅的基本要求。客室侧门主要为方便乘客上下车，为了有效应对短期内大流量的客流，在客室侧门的设计中，通常采用 1.3 至 1.4m 的宽度。

为了降低地铁运行时间，通常通过提速的方式加以解决，为了满足这一要求，就对列车轨道及列车的性能提出了更高、更严格的要求。但在全国普遍速度严格限制的前提下，这一方式的可行性低。为了提速，我们可从另外一个角度出发，即优化侧门结构，提高乘客上下车的速度，缩短车站停靠的时间。这一方式相对而言，具有可行性强、成本低的优点。因而对地铁车门的优化，针对不同乘客类型，保障正常的及特殊乘客的需求进行设计，避免上下车时的拥挤、高效畅通，以符合缩短上下车时间的要求。基于车辆通行的设计要求，对车厢车门进行优化：

（1）可用原则

综合考虑不同类型的乘客，如残疾人轮椅的通行等，应对侧门的设计优先考虑可用性。凭借车门的宽度和车内的合理布局，通过车厢地板与站台间的高度差的降低，相应地在部分侧门增设升降装置或踏板，便于部分特殊乘客的通行，提供其可用性。

（2）安全原则

在车体设计的过程中，应充分考虑偶发事件或误操作带来的危害，从而针对这一问题采取有效设计进行避免，即安全原则。根据原则要求，可从如下两方面优化：第一，对车门内侧增加由上至下的扶手，不仅为乘客的上下车提供

极大便利，且让车门造型变得更加美观大方。第二，增加侧门的通透性，便于乘客在上下车前，通过广阔的视野进行观察，避免下车时踏空等事件的发生及便于乘客的疏散。

9.3.2 车窗设计

车窗是指在车体结构的设计中，在客室侧门处设置，按照结构形式的不同，可将其分为单层玻璃和双层玻璃、无窗框和有窗框、连续式和非连续式，以及有嵋窗和无嵋窗等几种形式。如上海地铁一号线，就是有嵋窗、有窗框的结构；广州地铁就是无嵋窗、有窗框结构，它们都是用氯丁橡胶条固定在车体上。香港机场快线采用连续式车窗，深圳地铁也采用这种结构。乘客在车内，通过该车窗可以看到车外的一切，可称为透明窗，它采用双层玻璃制成，粘接在侧墙板上；乘客在车内，不能通过此处看到车外，所以称为盲窗，从车外看恰是一条连续的无窗框隔断的玻璃窗带，起到装饰作用。这种结构在国外不仅仅用于地铁车辆，而且在地面客车上开始广泛使用。

9.3.3 车厢座椅设计

座椅是地铁等交通工具上乘客最容易亲密接触的部分，它的设计应充分符合人机工程学，达到造型尺度人性化、乘坐舒适、座椅可调节等要求。地铁等交通工具上的座椅应充分考虑乘坐的舒适性和座椅调节的灵活性，可从如下几个方面进行设计：造型简约、大方、舒适、人性化、符合人机工程学；椅背角度可自由调节，设置多种调节的座椅姿态，以减轻疲劳；色彩的选择应与车厢内部的整体色彩风格相协调；在与乘客身体直接进行接触的部位，应选用人性化材料的面料材质，选择传导性较差的材料，并要与乘客身体之间具有一定的摩擦力，能充分保证乘客乘车时的安全。除此之外，还要注意车厢中两排座椅中间的空间，这部分是乘客在车厢内走动的通道，车辆在行驶过程中会产生摇晃和震动，存在对行走的乘客造成危险的可能。应在座椅靠通道的一侧加设扶手，为乘客提供安全保障以满足通用设计的安全性原则。

9.3.4 吊环和扶杆设计

吊环和扶杆在车厢内能帮助乘客保持身体平衡并适当缓解疲劳，吊环和扶杆要按照人机工程学来设计，使用起来应满足方便抓握、防滑、舒适等要求。

通过调查和分析,可按照材料对吊环进行分类,大致分为工程塑料吊环（不透明）、有机塑料吊环（透明）、皮革制吊环、铝合金吊环、合成材料吊环等。

扶杆主要是起到为车辆中站立的乘客维持身体平衡、缓解疲劳的作用。必要时可在扶杆之间加设横梁和吊环，其颜色与车厢内的装饰要统一考虑。扶杆分为水平放置和垂直放置两种。对扶杆设计的研究可以从下面的分类方法中获得更为清晰的思路（在此只对垂直放置的扶杆设计进行分析）。按扶杆的材料进行分类，可分为不锈钢管扶杆、经喷塑的铝合金扶杆或局部采用橡胶材料的扶杆等；按单位扶杆的数量分类，可分为一根、三根等；按扶杆的排列布局分类，可分为单列排布、双列排布等；按扶杆的功能多重性分类，可分为单一功能与集合功能等。

吊环和扶杆的设计应满足如下要求：

第一，吊环和扶杆的大小、粗细、形状、表面材质应与人手的尺寸和解剖件吻合。

第二，使用时能保持人的手腕顺直；避免或减少掌心所承受压力；尽量靠手部的大小鱼际肌、虎口来分担压力。

第三，尽量减少肌肉的"静态施力"。让使用者使用吊环和扶杆时的姿势、体位能够自然、舒适，满足手和手臂的施力特征。

第四，考虑到照顾弱势群体的特征和需要。

9.4 导视设备

车内环境标识设计将对乘客的需求和行为起到重要的引导和指示作用。车内的标识系统充分调动人的不同感觉器官，在可行的范围内，从视觉、听觉、触觉等方面进行多角度、多选择的标识系统设计，使车内的标识系统能够满足提示清晰、准确、到位的功能要求。

车内环境标识系统是使乘客接受信息的媒介物。人类通过知觉感官从外界获取信息。产品设计中可用的信息获取方式有视觉、听觉和触觉，对应的标识设计就是：基于视觉的标识、基于听觉的标识和基于触觉的标识。地铁车辆是一个复杂的产品系统，对于列车上的各种设施的使用都应配备尽量详细的有效标识，帮助乘客正确、安全地使用车内各种设施以及及时获得和地铁运行等相关的信息。

基于视觉的标识主要通过文字和图案来表示，具有简洁、明确、醒目等优点，但存在可读性、认知性和准确性不高的缺陷，因此重要信息还应配合听觉

标识和触觉标识，以满足所有乘客（包括视觉障碍者、语言障碍者和听觉障碍者等特殊人群）的感知需求。

地铁车辆内部空间的标识系统主要可分为两类：指示性标识和警示性标识。

根据地铁车辆通用设计的简单直观原则、信息明确原则和灵活原则，无论车内环境条件和使用者的经验、知识、语言技能、感知水平如何，车内环境标识都应有效地将必要的信息通过简单直观的方式传达给使用者，便于乘客乘坐和使用车内的各种公共设施。在提供简单直观的信息传达和操作方式的前提下，还应保证信息的明确性；为重要信息提供多重表达方式，确保信息被准确识别；为各种视觉障碍者提供可能的辅助提示方式。

从造型上而言，在设计的过程中应当避免内部设施造型复杂，以及复杂造型在同一设施上、空间内部重复出现，尽量采用简单、流畅的线条进行造型。整个空间内部各设施造型应当简洁、造型语言统一、彼此呼应，避免造型语言的多样化、重复和冲突。当设计元素较多的时候，适当地利用减法进行设计。顶板、侧板、座椅、扶杆的造型要尽量统一、和谐，既有变化，又不能太夸张，其外形要符合人机工程学、人体力学方面的要求，使其功能性良好发挥，让乘客在乘坐和使用的过程中能够感觉舒适。

从材料上来说，顶板、侧板、地板在防火防潮性能、防腐蚀性、强度、降噪、材料有害物质含量等方面要符合国标规定，通过材料自身的优势、结构的优化、新技术和处理方式来实现和优化功能性。而内部设施例如座椅、扶杆、拉环等设施的材料除满足上述规定外，还要耐磨、易于清洁。

从色彩上来说，车厢内部的主色调不宜太多，顶面、侧面一般采用浅色，可以通过座椅、扶杆的色彩来提亮空间，增强空间的层次感，利用色彩图案的美感和造型相结合来营造车厢内部氛围。座椅、扶杆、地面的色彩搭配合理，在视觉上不会对人眼产生刺激，在视觉心理上不会给人造成一种不安、烦躁、压抑的感觉，营造一种轻松、舒适、平和的环境氛围。

内部设施在其结构上，一方面对外观产生影响，利用结构的优化来简化外形、美化外形；另一方面对功能产生影响，利用结构的优化更好地实现其功能性，同时在设计时考虑乘客乘坐、使用的方便、安全因素，使结构在满足功能性的基础上同时也有安全、便捷的作用。

以上各个方面相互协调，利用结构、外形、材料的相互配合实现功能性、安全性，利用色彩、材料的搭配实现其外观的美感，以提升环境的优越性。

在常规、传统的乘坐体验方式下，乘客与车厢互动较少，除满足常规的乘坐之外，基本上无互动方式，一些人性化的关怀不是很到位。车厢内部的多媒体服务通常比较大众化，一般为电视、广播、平面广告等，形式也比较传统。内部的设计装饰风格除专线之外，其余的在装饰风格上特征不是很明显，也比较保守，比较中规中矩。

随着科学技术、文化的发展，地铁内部的设计和服务也应变得更加多样化，可以借鉴国内外飞机、高铁内部的设计引入多媒体技术，让服务在面向大众的情况下也能产生互动，例如：车厢内置触摸式查询屏，可以查询、预约所到站点交通体系的接驳，以及站点周边的服务设施，为乘客提供方便；也可以根据地域文化，设计成具有主题风格的内部装饰，形成有特色的装饰风格。这种特征性的设计符号被应用在内部设计中，对乘坐的乘客产生一些文化暗示，传达出一些文化信号。

第10章 剧本情景：微观与宏观

10.1 宏观情境：剧本的SET系统分析

社会—经济—技术因素统称 SET 因素（Social—Economic—Technological）（如图 10-1）[1]。SET（社会—经济—技术）因素随时可以产生出影响人们生活方式的新的产品机遇。我们的目标是通过了解这些系列因素识别新的趋势，找到与之相匹配的技术和购买动力，从而开发出新的产品或服务[2]。

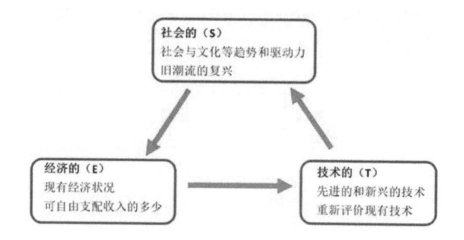

图 10-1　社会、经济、技术三因素

本章主要针对 SET 系统，通过网络、书籍、文献资料三个方面来了解目

---

① 樊旭. 工业设计管理在新产品开发中的应用研究 [D]. 西安：陕西科技大学，2007.

② JonhthanCagan，Carig M. Vogel. 辛向阳，潘龙译. 创造突破性产品 [M]. 北京：机械工业出版社，2004.

前的宏观情境。具体研究资料来自：

网络：百度、谷歌、搜狗三大搜索平台

文献资料：中国期刊网

书籍：武汉理工图书馆、京东、当当

通过查找与社会、经济和技术相关的关键词进行搜索，每个平台截取搜索结果的前十页，抽取每个搜索结果的十个关键词。书籍则查找 5~6 本，论文通过高校图书馆进行期刊论文搜索，提取前 100 篇论文摘要的关键词，形成关键词族，然后进行卡片分类，提取关键词并分析其价值机会，最终得出 7~9 个关键词，可以描述现代社会最关注的社会问题。

研究流程为：

界定主题、寻找关键词→寻找背景数据→类分信息→构建信息框架→抽取关键点

图 10-2 SET 研究流程图

本书研究过程中针对 SET 的探索，界定了三个主题，分别为：中国社会因素、中国经济因素和中国技术因素。

通过前期的资料整理、卡片分类、信息多次重构后，从社会、经济、技术三个层面整理出共 22 个关键词。对关键词重新构建分类时需要注意的是，研究者需要尽量避免带入个人情感，应不带偏见，客观地对关键词进行分类理解。本研究后续将对这 22 个关键词加以详细阐述理解。

10.1.1 社会因素

通过资料的分析与归纳，获得与中国社会相关的热点关键词为：社会安全、网络社会、人口老龄化、资源环境、社会转型、焦虑心理、家庭负荷。

社会安全：我们的社会中存在着诸多不安全因素，食品安全、人身安全、网络安全等。每一个社会成员都渴望自己生活在一个更加安全、可靠的环境中，更加安心地生活，乘坐轨道交通工具也不例外。

网络社会：随着数字信息和通信技术的飞速发展，网络社会悄悄地进入了人们视野，并不断深入扩延，改变着人们的生活形态。社交网络、电子商务等一系列网络服务正更加紧密地与现实社会相结合，不断给人们带来新的惊喜和体验。网络社会所带来的巨大潜力不容低估，在轨道交通工具设计过程中，要充分利用网络技术。

人口老龄化：中国社会逐步走入老龄化，老龄人口不断增加。在这一过程中所带来社会保障、养老保障、老年权益以及一系列的老年人问题。同时由于人口老龄化引起家庭规模和家庭结构的变化，低生育率带来的独生之女养老负担等一系列问题也不容忽视。人口老龄化给社会带来巨大挑战，但在挑战背后也带来了巨大的商业机会，老年人市场潜力巨大，同时也带来了新的商业模式。

资源环境：资源环境已经成为当今全球性问题，保护资源环境越来越得到政府和社会的重视，人们已逐步认识到高耗能、高污染、气候变暖等环境问题给地球及个人带来危害的同时也注重自身的环境权益。对于每个人来说，节能和节钱如果可以画"等号"，可持续发展将会走上正轨。

社会转型：社会转型导致了社会经济结构、文化形态、价值观念等发生深刻变化。在这个过程中出现的新的经济形势以及文化价值观念，具有很大的商业价值。社会结构的变化，导致中国出现了许多非经典的家庭结构类型。家庭关系的边缘正在扩大，从血缘延伸到了姻缘，这也意味着家庭成员之间的关系比以往更复杂。

焦虑心理：如果出现焦虑心理，那么社会经济整体利益结构就会发生急剧的、大幅度的、全方位的变化，同时还会增加社会风险因素，并导致许多社会成员丢失信仰。基于以上几个方面的原因，中国弥漫着社会焦虑。相当多一部分社会成员都浮躁、焦虑，因为他们常常为生计、为前程而奔波。

家庭负荷：中国现在家庭负荷很重，结婚、买房、孩子教育、老人看病等给家庭生活带来很大开支，工作压力大，又没时间照顾家里需要照顾的人，有时甚至导致家庭关系紧张等问题都可以从设计的角度入手，如营造一种轻松愉悦家庭环境，增加家庭成员情感交流机会等。

10.1.2 经济因素

通过资料的分析与归纳，获得与中国经济相关的热点关键词为：低碳经济、贫富差距、网络经济、经济全球化、经济增长与复苏、经济转型、经济安全、经济结构均衡化。

低碳经济：低碳经济，是指在可持续发展理念指导下，通过资源节约、循环经济、绿色节约、新能源开发等多种手段，尽可能地减少煤炭石油等高碳能源消耗，减少温室气体排放，达到经济社会发展与生态环境保护双赢的一种经济发展形态。

贫富差距：国民经济持续、快速、健康发展，GDP 年均增速保持在 9% 以上，社会生产力和国家综合实力不断增强，经济总量稳居世界前列；人民生活水平显著提高，到上个世纪末已总体上达到了小康。然而，随着经济的高速增长，中国也出现了严重的贫富差距问题。

城乡一体化：所谓城乡一体化，其实不难理解，它是我国发展的一个必然阶段。在这个阶段，应紧密联系城市和乡村、工业和农业以及城镇居民和农村居民，使其成为一个有机的整体，进而实现统筹规划的目的，以便于展开综合研究。在实践过程中，不仅应进行体制改革，必要时还可对政策进行调整，以真正实现一体化。这里所说的一体化，指的是城乡在产业发展、规划建设、政策措施、市场信息、社会事业发展和生态环境保护等方面均实现一体化，这样就可以真正实现城乡平等，有效改变城乡二元经济结构。

网络经济：随着信息技术的迅猛发展，人们的日常生活发生着翻天覆地的变化，网络用途广泛，遍及智能交通、环境保护、政府工作、公共安全、平安家居、智能消防、工业监测、环境监测、老人护理、个人健康、花卉栽培、水系监测、食品溯源、敌情侦查和情报搜集等多个领域。

经济全球化：经济全球化是指世界经济活动超越国界，通过对外贸易、资本流动、技术转移、提供服务、相互依存、相互联系而形成的全球范围的有机经济整体。简单地说也就是世界经济日益成为紧密联系的一个整体。经济全球

化是当代世界经济的重要特征之一，也是世界经济发展的重要趋势。

经济增长与复苏：经济增长是经济学家和记者常用的表达方式，意思是一个国家当年国内生产总值对比往年的增长率。经济增长基本上可以认定是规律性波动，像声波一样有低谷，有高峰，经济复苏可以简单认定是从低谷向高峰的运动。

经济转型：我国是一个发展中国家，而且是一个转型中的国家，山寨经济是中国社会主义商品经济成熟转变的结果，而虚拟经济完成了信息从非商品向商品的转化。中国投资策略的重心也将会从传统领域转向服务领域。当前经济转型的实质就是用现代科技对传统产业进行改造,并对高新技术产业提高重视,特别是那些高科技含量产业，应重点发展。产业转型升级，从低附加值转向高附加值升级，从高能耗高污染转向低能耗低污染升级，从粗放型转向集约型升级。

经济安全：是指经济全球化时代保持经济存在和发展所需资源有效供给、经济体系独立稳定运行、整体经济福利不受恶意侵害和非可抗力损害的状态和能力。一般说来，经济安全是指国家生存与社会经济发展处于不受威胁和干扰的状态。它涉及国家的经济主权、重大经济利益、发展以及抵御重大经济风险的能力。

经济结构均衡化：一个国家很难逾越重化工业阶段，在这个发展阶段有一个显著的特点，就是经济重工业化。"三高一资"产业处于主导地位这个发展阶段所具备的特性我们难以避免，但是，与相同发展水平的国家相比，我们的城市化和市场化程度发展不足，服务业严重滞后，重化工业比重畸高。在内需中，投资的比重过高，消费的比重过低，而且消费比重处于一个持续下降的地位，扩大内需是经济发展的重要任务。加快推进致力于结构调整的自主创新，推进自主创新，就是找到了调整经济结构的支点，这正是未来结构调整的要义所在。

10.1.3 技术因素

通过资料的分析与归纳，获得与中国经济相关的热点关键词为：人文关怀、怀旧复古、高效便捷、环保、技术安全、虚拟与现实交融、科技时尚。

人文关怀：随着社会快速发展，人的压力越来越大，如果能在科技上实现对人情感需求等层面的关怀，会使人更加愉悦，在情感层面产生减压、压力释放等作用。这时，要照顾到各类人群，尤其是弱势特殊群体，他们比正常人更需要得到情感上的关怀。

怀旧复古：人们总是喜闻乐见那些过去给其带来美好回忆的事物，并且对本土化、怀旧这些情绪有着深深的喜爱，对本土的文化等也有着特殊的好感，它同时也是一种非物质文化遗产的象征，可通过手工艺、低技术等手段来实现。在日常生活中充斥着现代高新技术的今天，"低技术"表达着回归自然和传统。

高效便捷：在社会高速发展的今天，人们的生活节奏也变得更快，人们希望什么事情都能高效便捷满意地完成，科技的发展，使人们这一愿望得到了较充分的实现。高效便捷的生活生产不仅是一种速度的表现，更能给用户带来美好愉悦的技术体验。

环保：就是指节约能源和减少有害气体的排放，在尽量减少人类生活所耗用的能量的同时，减少有害气体的排放，特别是二氧化碳的排放量，减少对大气的污染，减缓生态恶化，主要是从节电节气和回收三个环节来改变生活细节。低碳环保意指较低（更低）的温室气体（二氧化碳为主）排放。

技术安全：随着社会的快速发展，各种信息共享、技术共享带来了人的不安全心理，技术安全反映了当下能源、材料、信息安全的一个综合体。

虚拟与现实交融：随着虚拟技术的不断发展和互联网普及，虚拟世界和现实生活联系得越来越紧密，人们往往在虚拟世界中寻找在现实中不曾拥有或者已经失去的东西。

科技时尚：技术手段，极大地满足和丰富了现代人的物质等层面的需求。人们对于未知的世界，有着无限渴知的欲望，基因工程、细胞工程、酶工程、发酵工程、蛋白质工程将带来医药、农业和化工等领域的革命，产生不可预测的经济效益及社会效益；生物技术的飞速发展及其广泛的应用前景，将使生物产业成为全社会的支柱产业。

10.1.4 设计机会

本研究经过多次的信息重构后，从社会、经济、技术三个层面的 22 个关键词中提取出轨道交通工具的设计机会。如下表 10-1、表 10-2、表 10-3。

表 10-1 中国社会主题关键词衍生的轨道交通工具设计机会表

关键词	设计机会
社会安全	1. 节约空间，扩大空间利用率 2. 控制温度，保证车厢内一定的室温 3. 提高效率与分享 4. 车厢内资源的再利用
网络社会	1. 乘客乘坐体验与 SNS 的利用 2. 增加儿童车厢 3. 信息分享"镜子" 4. 强调舒适体验，让自然交互 5. 营造原始状态 6. 记录 7. 物联网 8. 友好提醒
人口老龄化	1. 车厢内标志辨识度高，方便老人识别 2. 设置通讯急救 3. 易于照顾 4. 空间可变 5. 老年心理关爱 6. 空气流动 7. 突发事件 8. 记忆力差
社会转型	1. 弱势群体乘坐问题 2. 公共用品使用 3. 车厢节能
焦虑心理	1. 轻松愉悦乘坐体验 2. 减少噪音
环境资源	1. 车厢空间宽敞 2. 干燥 3. 良好通风 4. 空间设施完善 5. 方便清理

表 10-2　中国经济主题关键词衍生的轨道交通工具设计机会表

关键词	设计机会
低碳经济	1. 节能减排，实现可持续性增长 2. 能源利用最优化，以旧换新或者开发新能源
贫富差距	1. 地区经济发展不平衡 2. 收入分配不均 3. 中等收入陷阱
城乡一体化	1. 城乡统筹发展 2. 农村经济城市化
网络经济	1. 信息技术革命实现了经济的信息化 2. 网络经济已经开始普及
经济全球化	1. 货币国际化 2. 经济融合，互利共赢
经济增长与复苏	1. 实现包容性可持续增长 2. 经济复苏
经济转型	1. 文化创意经济 2. 传统领域转向服务领域
经济安全	1. 通货膨胀 2. 新贸易壁垒 3. 食品安全
经济结构均衡化	1. 扩大内需 2. 房价下降 3. 经济结构自主创新

表10-3 中国技术主题关键词衍生的设计机会表

关键词	设计机会
人文关怀	1. 人机交互智能技术，通过人机的良好互动给人以美好的体验，如游戏类的互动方式可舒缓人的压力 2. 机器人技术可以运用在现实中需要照顾的人群中，也可以用来进行一些不适合人操作的事情 3. 语言、图像识别技术应用在需要安全保密的场所设施中，能给人心理以安全保障 4. 物联网运用在信息的同步中，可大大缩短人们查找信息的时间和精力，在将来，能用物联网技术去解决那些弱势群体的乘坐需求 5. 表面处理技术应用在家居产品方面，可使工艺更加符合人的使用特征，如柔软的材质给人带来舒适感
怀旧复古	1. 通过材料运用，如世博会上意大利馆的空调系统则充分利用了经水幕降温后的"穿堂风"效果，让展馆成了一个天然的空调房 2. 上海世博会中温哥华采用的是最传统的木结构与混凝土混合形式，这既减轻了建筑的整体重量，又提升了房屋的抗震强度和舒适度 3. 通过选择具有怀旧复古象征的颜色对车厢进行装潢，营造怀旧复古的氛围
高效便捷	1. 建模技术运用于现在的生产中，可提前发现产品存在的不足，相比较过去直接出模的方式发现问题，大大节约了成本；虚拟技术运用在流水线生产的模具改进中，可提前模拟使用场景，发现问题，高效便捷 2. 信息交互技术在生产生活中可减少获取信息花费的时间，人们可以通过信息交互而非实地求证得到信息，产品中，运用信息交互技术，人们可以通过信息记录功能，知晓过去的使用记录、方式等，即使在人们忘记的情形下，产品也可自动调整到应有的状态
环保	1. 自然能源的应用，可减少非可再生能源的消耗，同时能源污染小 2. 根据地区的不同，可因地制宜，利用周围环境、资源与技术相结合，如沼气能、太阳能的利用 3. 余热利用技术可在产品能耗的同时，有效地将余热利用，再使用

续表

虚拟与现实交融	1. 运用虚拟技术可以模拟真实的环境，制造出自己想要的情景和气氛 2. 通过互联网技术、仿真技术、虚拟技术等，赋予产品新的功能和体验，就像以前的手机只能通信，而现在的手机是集工作、学习、娱乐等为一体
科技时尚	1. 生物技术中的生物发光技术是指物体受外加能量激发，发出可见光，通过这种技术能够制造出较少污染的灯具、荧光产品等 2. 生物传感技术可以运用到一些检测产品以及传感器产品上

10.2 微观情境：用户的情感体验

随着科学技术、社会经济形态的发展，我们迈入了"体验经济时代"。随着经济文化生活水平的提高，在消费物质产品的基础上，情绪上、智力上、精神上的个性体验是消费者更加关注的感觉。因此，我们在设计城市轨道交通工具中，在考虑乘坐体验的时候，就已经不是单纯的设计了，而是融合了设计、用户在内的一种服务。在轨道交通工具的乘坐过程中，体验涉及乘坐者的感官、情感、思考、行为、关联等方面，这些方面的体验形成体验体系，共同构成乘坐体验。感官体验是指来自于乘客的视觉、听觉、触觉、味觉和嗅觉的体验；情感体验是指乘客乘坐时的内心的感觉和情感上的创造。感官体验和情感体验不是独立存在，而是相互牵连、相互影响的，感官体验会激发内心的情感体验，影响情感体验。思考体验是乘客在乘坐过程中产生的认知和解决一些相关问题的体验。行为体验是影响身体体验以及与其他乘客产生互动的体验。关联体验则是包含以上几个方面的很多方面。然而，关联体验是使个人与理想自我、他人或是文化产生的关联，并加上"个人体验"。这几种体验之间存在并发性、连续性，不能独立存在。

城市轨道交通工具的乘坐体验与其他产品体验的不同之处在于，大部分产品的用户群体划分比较明显，这些产品更多地需要满足不同用户群体的个性，以达到一种情感、反思层面的满足，这样的产品才更会受到消费者的欢迎。而城市轨道交通工具的乘坐体验则相反，我们的乘客是整个城市的人们，包含各

个年龄阶段、各个背景层次的人。我们不需要详细划分而满足某类乘客的需要，它需要的是更大程度地满足整个群体大众的共性，让绝大部分乘客感到满意，感到舒适，当然这种满意和舒适也是一种情感的满足，只是这种满足是建立在"使用者"较少具有自主选择权利空间的基础之上的。

通过一系列连续而复杂的演变而产生出情感体验这一特质。对于外部的人体感官的不同方式的刺激会产生情感体验，不同的教育程度和生活知识的积累包括生理状况的影响也会产生这一现象。这些要素交织在一起的作用会对情感体验带来不一样的效果。这里面唯一导致不同的情感体验的因素便是直接的、外部的感官刺激，而另外的内部刺激主要是生活经历、自身背景、心理状态以及生理状态。这些要素是很隐蔽并不容易被外部知晓的。这就让外部的感官刺激占据了我们情感体验的主导地位，自身的经验和体验却退而求其次了。在不同的环境下，人最容易接收到的就是外部感官的刺激，这种刺激作用直接影响到感觉神经末梢，继而产生逐次的感受。最简单的比如：冰冷、炙热以及坚硬、柔软等外界刺激对我们自身所产的感官反应。人们通过不同的感受来区分辨别哪些是很好的感受，哪些是不好的感受，这就为人们情感体验的综合性做出了很好的解释，同时不同的情感体验也会受到隐含因素的直接影响。接下来会对这些影响做进一步深入的分析和整理。

10.2.1 生理状况对情感体验的影响

好的生理状态可以让人轻松和舒适，也会让人感受到前所未有的愉悦。身心的健康与人的生理状态是紧密不可分割的，良好的身心状况可以让自身的心情维持合理的状态。良好的心态也对保持身体健康起到激发的作用。

当人们处于某个指定的场景进行一定安排的活动的时候，他所受到的不仅仅是场景本身给他带来的触觉体验，同时在现场的活动行为也会给他带来相似的触觉体验，这种状态的持续发作会引发一种新的情感体验。当然，他自身的心理状况也会与现场的环境氛围和活动状态产生一定的反哺作用而对自己的体验产生一定的影响。

健康的积极向上的心理状态会加强外界对自身刺激的接受能力，并在自己的脑海形成一种美好的反射，让自己更好地接受这种体验，反而言之，如果自身没有好的身心状况，那必然会带来不好的恶性的体验。病理的影响、不舒服的刺激加之沉闷的心情都会使良好的情感体验被大大削弱。

10.2.2 教育水平对情感体验的影响

受教育程度可以用来划分不同人的认知水平，不同的认知水平带来对同一个事物不同的看法，从而会影响情感上的表达能力。根据受教育水平的不同我们可以看出不同层次的受教育者对个人处理问题、看待事物的能力都有非常大的区别。

不同层次的人都会去乘坐地铁，那么他们每个人在乘坐过程中对全程的体验是大不相同的。他们会用自己的认知水平来影响自己对于此次乘坐地铁的感受，进而区分他们对于地铁运作流程的判断，不同的接入点、不同的习惯会让他们产生各不相同的看法，从而会导致各种不同的情感体验。

10.2.3 生活阅历对情感体验的影响

一个人经历的丰富程度，所经历过的事情多少会对情感体验产生一定的影响。当这个人在自己所存在的时间段里所从事的某种事情比如说欣赏音乐、调制美食、艺术创作或者其他自身拥有的能力的时候，他会与环境产生共鸣。当一个状态下的场景与自己以前所经历过的某个场景形成一体的时候，便会触发他的记忆，从而诞生一种情感影响。在这整个活动中，曾经的记忆若是美好的、幸福的、让人记忆尤深的，那么给他本身所带来的也是主动的、有益的情感影响，这种影响会延伸到当前他所从事的活动和行为，使之认为这种体验是对的，是渴望得到的。但是，如果唤醒的记忆是不好的，是以前让自己受过伤害的，那这种感受就会让人反感从而带来很不利的后果。

总而言之，这种关联的影响，在平时生活中就是这样。情感体验所受到的影响不仅仅是这些，还包括外界很多因素的影响，当一种影响在内心占据主导地位的时候，那么它所给人带来的感受也是会产生一定的变化的。这种由自身经历对情感影响的存在是偶然性与必然性的结合体。

除这种相关联的记忆造成的情感影响之外，一些非关联性的影响，例如：突发状况、身体状态的瞬间变化等也会对情感造成直接影响的。

10.2.4 其他因素引发的体验

（1）思考引发的体验

一种美好的或是一种痛苦的感受可以由人的思考而引发，人们通过不断地思考来获得新的知识体系和认知能力。我们通过对某件事情或者行为的过程进行全方位的思考来获得解决问题的办法或是对整个事情的历程带来的思考感受

就是思考体验。一般而言，复杂的思维模式会带来多变的情绪，简单的思考方法会带来稳定的情绪心态。我们可以将智力游戏作为一种最基本的思考体验来进行一番研究。这种最常见的智力游戏会让我们不断地去挑战自己的娱乐精神，还可以给我们带来不同的思考体验，从而带来不一样的感受。怎么去完成一项任务，怎么达到一个目的，怎么去了解一个过程等等都是人们在日常行为过程中的思考点。不同的思考体验带来不一样的思考感受，思考顺利了就会让人开心甚至释放出一些快乐的行为，但复杂的思考过程未能解决的结果也会让人产生痛楚，会让人去排斥这种思考感受。在我们乘坐的地铁车厢里面，如果加上有文化氛围的设计会给乘客带来不一般的思考体验。

（2）行动引发的体验

人们通过参与活动或者是一个行为，在过程中所产生的某种体验感受我们称之为行动体验，这种类型的体验更多地强调了我们对于活动整体的参与、支持和活动性。拿行动体验与思考体验进行一定的比较，可以得出这两者之间的关系是并存共生的，他们之间有着千丝万缕的联系并互相支持依赖。比如：乘客在上下地铁时彼此之间的协调、配合、帮助、谦让等，以及乘客在整个地铁车厢内使用车内设施的过程都属于行动体验的范畴。

（3）系统中产生的关联体验

在一些场景中又或者是情形、事物激发乘客的想象、幻想、假象等的体验我们称为关联体验。这种体验更具有抽象化，在乘客乘坐地铁过程中发生的比率比较小，所以出现的体验也相对比较少。

第 11 章 剧本演出：演员表与活动地图

11.1 城市轨道交通工具的角色判定——"演员表"

使用剧本开展城市轨道交通工具的设计时，选择"典型角色"作为剧本中的主角演员。对主角演员进行不同角色的阐述，集合成"演员表"，他所代表的用户群体也是不同的。对于不同类型的乘客来说，其需求往往也是不同的，不论是乘坐地铁的方式，还是乘坐的时间或者地点，都不尽相同。所以，要想更好地表达乘客和与之发生关联的场景，"活动地图"是个不错的方法。

通过对乘坐地铁的乘客调查研究，本研究将目标用户群设定如下表 11-1。

表 11-1 演员表

肖像		
姓名	钟敏	蔡立
性别	女	男
年龄	32	62
职业	银行	已退休
家庭状况	已婚，有一个 3 岁儿子，有房无车，经常带儿子外出游玩	和配偶居住，一个女儿
性格习惯	活泼开朗，经常参加聚会注重形象	性格较内向，注重健身养生，每天早上锻炼 1 小时，并外出饮茶
乘坐频率	一周至少 8～10 次	一周至少 12 次
乘坐原因	上下班、外出	去公园、外出

11.2 城市轨道交通工具的使用情境判定——"活动地图"

"活动地图"又称使用地图，通过图表展示产品和用户之间的活动地图。通常按照时间、地点、活动过程罗列出场景，是这次"活动"展示的区域。活动地图是视觉化的记事本，它是多个场景的展示。

至于乘客与地铁发生关联的场景，本研究设定为东圃——体育中心线路，这是广州使用率较高的一段线路，如表 11-2 所示。

表 11-2 活动地图

场景	图片	描述
东圃地铁站		东圃地铁站，为起始站
珠江新城地铁站		珠江新城地铁站，中点换乘站，人流多，易发生各种特殊情况
体育中心站		体育中心站，终点站

11.3 议题分析

议题分析是通过把问卷调查和用户访谈中获取的用户信息及用户使用产品的经验与活动地图相匹配。根据活动地图，选取有效场景即（分镜）。然后撰写对有效场景的剧本，摸索体会用户使用产品的活动过程，并增加用户在访谈中提到的困扰问题，撰写问题剧本。

11.3.1 问题剧本

主题1：钟敏的儿子生日庆生

今天是钟敏儿子的3岁生日，为了给儿子庆生，钟敏预订了正佳广场的儿童主题餐厅合家餐，有效时间为11：00 ~ 13：00。为了能准时吃上午餐，钟敏一家三口决定10：00从家里出发，乘坐地铁抵达到正佳，因为担心儿子行走太远，容易疲劳，所以携带儿童推车出门。

从钟敏家所在的地铁站——东圃到体育中心站有两种线路选择

1.5号线：东圃→车陂南→科韵路→员村→潭村→猎德→珠江新城（换乘）

3号线：珠江新城→体育西（换乘）

1号线：体育西→体育中心

2.5号线：东圃→车陂南→科韵路→员村→潭村→猎德→珠江新城→五羊邨→杨箕（换乘）

1号线：杨箕→体育西→体育中心

为了减少换乘途中的行走路程和时间，钟敏选择了第二条线路。

分镜1

时间：am10：00	地点：广州东圃地铁站
描述： 周末出行的人较多，钟敏一家等了两班车，车车都快满员，人能上，但婴儿车上不了，钟敏也担心硬挤的过程中弄伤乘客	关键点：由于携带婴儿车，占地空间较大，导致上车难

分镜 2

时间：am10：07	地点：广州东圃地铁站
描述： 　　钟敏一家从东圃站上车，人很多，按秩序上车后，站在靠近门口的地方，钟敏抱着 3 岁的儿子，想要走到车厢内部很困难，担心在拥挤的过程中弄伤小朋友，所以放弃了往车厢内部挤的念头	关键点：人太多，没办法让坐着的人看见门口处钟敏抱着小孩的情景

分镜 3

时间：am10：37	地点：广州员村地铁站
描述： 　　随着人们的上下车，人流逐渐减少，钟敏的儿子终于坐上了椅子。儿子坐在椅子上坐不稳了，上下左右随着车的加速和拐弯滑动	关键点：车厢的椅子材料是不锈钢的，光滑，冰凉，小朋友坐不稳

分镜 4

时间：am10：20	地点：广州猎德地铁站
描述： 　　在车厢内一段时间，钟敏发现双手冰凉。钟敏马上抱着儿子坐在椅子上，搓着儿子的双手，同时钟敏也感觉到从顶端吹来一阵凉飕飕的风，原来是空调风导致儿子身体太凉了	关键点：车厢内部的温度令小孩不适

分镜 5

时间：am10：23	地点：广州珠江新城地铁站
描述： 　　珠江新城为中心转乘站，人非常多，由于钟敏一手扶着手推车，另一手拉着吊环，在人群拥挤时，一个踉跄后，发现拉环已被旁边的女士拉上了，上方的横杆太高，够不着	关键点：人多时，车厢内的拉环数量少，上方的横杆太高，导致扶不到

分镜6

时间：am10：35	地点：广州杨箕地铁站
描述： 　　刚换乘1号线，钟敏的儿子提出想上厕所。钟敏环顾车厢，估摸车厢内解决肯定不适合，此时钟敏左右为难	关键点：对于小孩来说，乘坐时间较长，无法解决上卫生间的问题

主题2：蔡立和老伴去员村公园锻炼身体

　　蔡先生日常生活很有规律，每天坚持早上6点起床，在小区里活动。今天蔡先生的老伴说一起同行到天河公园锻炼，由于老伴比较磨蹭，一下晚了一个小时，7点出发，赶上了地铁客运的高峰期。

　　蔡先生的路线为：5号线：东圃→车陂南→科韵路→潭村→员村转公交

分镜1

时间：am7：20	地点：广州东圃地铁站
描述： 　　上班高峰期，蔡立先生和老伴站在队伍里等了两班车，终于轮到自己。可是车厢内人太多，蔡先生正犹豫要不要再等等时，老伴果断拉着蔡先生走入车厢。上班族为了赶时间，不停地往车厢里挤，直到车门关闭，把蔡先生和老伴挤在人群中	关键点：无法知道车厢内已承载了多少人，不利于判断是否搭乘此班车

分镜2

时间：am7：23	地点：广州车陂南地铁站
描述： 　　车厢内人太多，蔡先生和老伴无法走到车内内部，左右拥挤，蔡先生生怕和老伴走散了，一直双手搀扶着	关键点：人太多，左右拥挤，车厢内缺乏秩序

分镜 3

时间：am7：25	地点：广州科韵路地铁站
描述： 　　蔡先生突然想起在员村站下车后还需要转公交，不知道要转几路公交，想寻求帮助	关键点：车厢内缺少自助服务设备

11.3.2 关键议题

通过问题剧本能够了解给乘客带来困扰的关键议题。本研究将乘客乘坐地铁遇到的困扰总结如下：

大件随行物品难上车厢；

车厢里面的乘客看不见有需要让座的乘客；

车厢的椅子材料是不锈钢的，光滑、冰凉，不适合婴幼儿童乘坐；

车厢内的拉环数量少，上方的横杆太高，导致扶不到；

车厢内没有卫生间；

人太多，左右拥挤，车厢内缺乏秩序；

车厢内缺少自助服务设备。

剧本在实际运用过程，需要设计师规避个人成见，多维度地思考场景的可能性，考虑到团队中不同领域的思考角度。关键还是乘客的乘坐体验最重要。

所以，在时间充裕的情况，需要设定多维度的剧本。如：参与式设计、技术剧本。因为篇幅有限，以下所选取的问题，并未建立剧本。

对残疾人群提供更多的乘坐协助设计；

车厢内的视频内容以环保、公益宣传等为主，减少广告；

建立更加友善的乘坐体验。

11.4 方案剧本

方案剧本是相对于问题剧本中的关键议题，提出解决方案。通过设计婴幼儿童专用车厢能够解决乘客携带婴幼儿童出行不便的问题。剧本如下：

分镜1

时间：am10：00	地点：广州东圃地铁站
描述： 　　钟敏和丈夫带了儿子，推着婴儿车在东圃地铁站对应的婴幼儿童车厢停靠位置等车，两分钟后就来了一辆，钟敏一家高高兴兴地上了车	关键点：婴幼儿童专用车厢

分镜2

时间：am10：37	地点：广州员村地铁站
描述： 　　在车厢内，钟敏帮助儿子坐上车厢内专门为婴幼儿童设置的安全椅	关键点：婴幼儿童安全椅

分镜3

时间：am10：20	地点：广州猎德地铁站
描述： 　　在车厢内一段时间，钟敏发现孩子双手冰凉。钟敏马上和车厢内的叔叔阿姨协商，把车厢内的温度调高	关键点：车厢内部的温度可调控

分镜4

时间：am10：23	地点：广州珠江新城地铁站
描述： 　　珠江新城为中心转乘站，人非常多，由于钟敏一手扶着手推车，另一手拉着吊环，在人群拥挤时，一个踉跄后，发现拉环已被旁边的女士拉上了，钟敏马上扶住靠近儿子上方的横杆	关键点：增加横杆数量，降低了横杆位置

分镜 5

时间：am10：35	地点：广州杨箕地铁站
描述： 　　刚换乘 1 号线，钟敏的儿子提出想上厕所，钟敏环顾车厢，发现车厢尽头设有卫生间	关键点：卫生间

　　根据问题剧本中蔡立先生无法判断车厢内人员的多少的困扰，查阅相关资料显示地铁一节车厢载客量 318 人，最多可达 400 多人。因此可以通过设计实时显示车厢人员荷载量的设备提示乘客，引导乘客对是否上车做判断。分镜如下：

分镜 1

时间：am7：20	地点：广州东圃地铁站
描述： 　　上班高峰期，蔡立先生和老伴站在队伍里等了两班车，终于轮到自己。可是车厢内人太多，蔡先生看看车厢外置的荷载量的设备 300 人，于是拉着老伴走入车厢	关键点：实时显示车厢人员荷载量的设备

分镜 2

时间：am7：23	地点：广州车陂南地铁站
描述： 　　车厢内人太多，蔡先生和老伴无法走到车厢内部，左右拥挤，蔡先生迅速找到靠近扶杆区域站稳	关键点：车厢内地面进行了区域的划分

分镜 3

时间：am7：25	地点：广州科韵路地铁站
描述： 　　蔡先生突然想起在员村站下车后还需要转公交，于是去到自助服务设备查询	关键点：车厢内自助服务设备

设计实践：广州地铁车厢内饰设计

基于上述研究，以下对广州地铁内饰进行尝试性改良设计。在进行设计的过程中，在满足基本的乘坐需求基础上，对已有良好的设计进行保留、延续，对剧本中所反映的问题进行改进和提升，并严格按照规定的各项用材规范、制造规范来进行设计。

图 11-1　广州地铁车厢改良设计效果图

（1）首先是对座椅面料的改进。椅子主体采用工程塑料，椅面则为软面，采用另一种新型复合布料，这样可以增加乘坐的舒适度。

（2）其次是对椅面进行分割，这样可以给乘客心理上的暗示，代表这是8人座椅，保证了乘客的心理距离，也减少了在乘坐过程中9人占8位，或无人让座等纠纷的发生。

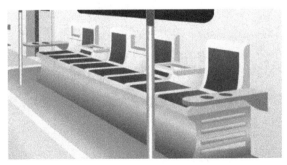

图 11-2 广州地铁车厢座椅设计效果图

（3）每隔一个座位设置一个可折叠的婴幼儿童安全座椅，方便大人照顾小孩。

（4）设置婴幼儿童推车摆放位置，同时增加婴儿车的锁扣，防止在车厢减速或加速过程中婴儿车的滑动对乘客造成伤害。

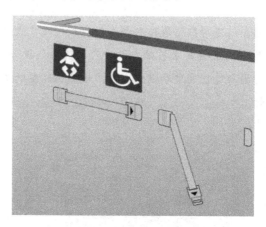

图11-3 广州地铁车厢内饰细节设计效果图一

（5）为了解决在高峰时段乘客常出现的无抓扶的情况，把门口区域的扶杆设置成为双杆形式，这样使更多的乘客能够使用。在扶杆中心设置了比较小的凸起，一方面可以供乘客挂吊重物，另一方面也可以使乘客进行抓扶，保持身体的平衡。

（6）中间扶杆上分为高低杆，同时设置了拉环，拉环的高低可以进行伸缩，以满足不同身高乘客的需要。拉环上端的空白区域，放置一些公益广告，对流动的乘客产生一定的正面宣传作用。

（7）在地面进行区域的划分，给乘客一些暗示和引导性的作用，有利于保持车厢内部的有序。

（8）设置有LED灯光指示，在门完全关闭和开启的情况下给乘客安全提示，更加醒目，吸引人的注意力。

图11-4 广州地铁车厢内饰细节设计效果图二

第四部分 人机求真:城市轨道交通工具驾驶室人机设计

轨道交通工具驾驶室是驾驶员获得列车有关运行状况的信息、参数，做出决定，同时对列车进行整体控制，落实并完成各项任务的作业空间。将人机工程学应用于轨道交通工具驾驶室，目的是使所设计的驾驶室在满足驾驶员作业要求的前提下，尽量方便驾驶员的作业，并感到舒适、安全，减少体力疲劳和精神负担。

第 12 章 城市轨道交通工具驾驶室人机设计概述

12.1 国外轨道交通工具人机发展

由于欧洲国家轨道交通起步早，并在二战后迅速发展，不少公司专门从事轨道交通的设计研究，其中包括对轨道车辆人因工程的相关研究，并已经形成一套自己的方法和体系。法国的阿尔斯通公司，是当今世界铁路设备的主要供应商之一，主要业务为机车设计和制造，拥有较全面的系统、设备和服务。其设计的法国 AGV 高速列车（图 12-1、12-2），外形上具有力量感和未来感，室内设计也具有很好的舒适度。MBD 设计公司是一家在公共交通设计领域中名列前茅的国际设计事务所，它在高速列车、长途列车、城际列车、地铁、机车、有轨电车以及城市轻轨等领域的设计遍及世界各地，其中包括韩国高速列车 KTX-II

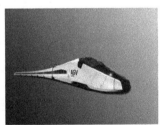

图 12-1、12-2 法国 AGV 高速列车

（图 12-3）、法国高速列车 TGV（图 12-4、图 12-5），新加坡、上海、南京、杭州、孟买的地铁、法国马赛市和兰斯市的有轨电车等。该公司作为长期从事轨道交通车辆设计的公司，已经拥有了一套系统的设计方法和一个成熟的设计团队。[①]无论是对于车身、

图 12-3 韩国 KTX-II 高速列车

驾驶室的设计，还是对于座椅、拉手等细节的设计，其人机设计研究都已十分成熟，并且其将人机关系从人体舒适度的层面上升到了对人的精神层面的关注，致力于营造一种舒适氛围。

图 12-4、图 12-5 法国 TGV-R 高速列车及内饰

　　英国 PG 设计公司设计的维珍列车（图 12-6、图 12-7）深受人们的喜爱。外观色彩亮丽，线条流畅，内部座椅旁的圆形扶手经过精心考量，大小合适，曲度圆润，刚好满足乘客手握时的最佳舒适感。其设计的未来高速列车"水星号"（图 12-8、图 12-9）像一座移动的豪华复式公寓，内部设计有舒适的沙发、电视屏幕、全景航空式玻璃，并且为自行车的存储提供了专门的存储间，每一个小细节都对人机关系进行了细致、全面的考量，带给旅客非同以往的体验。N+P 工业设计公司是德国著名的工业设计公司之一，其团队由产品、图像、交互设计、人机工程学和色彩材质专业设计师和专家组成，致力于顾客专属方案的设计以及细致严谨的研究，设计的德国 ICE 系列高速列车（图 12-10、图

---

　　① 徐伯初，李洋，轨道交通车辆造型设计 [M]. 北京：科学出版社，2012。

12-11）成为德国的代表，拥有独特的颜色搭配和较高的舒适度。这些国家在大量实验以及研究的基础上，制定了适合本国国情的方案，并在轨道交通方面建立起了较为完善、系统的符合其实际应用的相关轨道车辆设计标准。

图 12-6、图 12-7 英国维珍列车及其内饰

图 12-8、图 12-9 英国未来"水星号"高速列车及其内饰

图 12-10、图 12-11 德国 ICE 高速列车及其驾驶室

12.2 国内轨道交通工具人机现状

近年来，我国轨道交通发展迅速。但现运行的轨道交通工具却很少是由我

国完全自主设计研发生产的。例如，我们所
熟知的于 2009 年开始运行的北京地铁四号
线（图 12-12），是由德国著名设计公司 N+P
工业设计公司设计。2003 年 1 月正式开始商
业运营的上海磁悬浮列车（图 12-13），是由
中德两国合作开发的。再如我们所熟知的"和
谐号"动车组（图 12-14）也都是引进的国
外技术，与加拿大庞巴迪、日本川崎重工、
德国西门子以及法国阿尔斯通公司联合设计
的产物，尤其是刚开始投入运营的一些动车
组车辆，都是整车引进的，车内的各种设施
包括驾驶室、客室等的设计也都是按照国外
的标准进行设计。但是，由于各地不同国家、
民族、人种的人体尺寸差距较大，所以各国
在各自人体标准尺寸上均有较大的差异，这
就导致我国轨道交通驾驶员在进行操纵作业
时多有不适，长此以往，更容易导致颈椎、
腰椎等病症。

图 12-12 北京地铁四号线

图 12-13 上海磁悬浮列车

以动车组客室座椅为例，在座椅的靠枕
部位，都设计有一道鼓出来的凸起。从设计
上来说，这道凸起本来是用来垫靠颈部的凹
处，以使人的头颈更舒服，而对于大多数中
国人来说，这个凸起常常是顶在后脑勺，使
得当身体后靠在椅背时，不得不稍稍低头，

图 12-14 "和谐号"动车组

十分不舒适。因此，针对中国市场进行轨道车辆研发的过程中如果直接套用国
外标准，会影响到车辆的舒适性和安全性，并不能真正适用于我们国家的轨道
交通工具驾驶员。

此外，轨道交通驾驶员除了具备基本的驾驶技术、健康身体外，还需具备
良好的心理素质和应对、处理突发危机的能力，如果按照国外体型标准挑选身
高合适的驾驶员则会造成一部分人才流失，加上目前国内轨道交通工具的迅速

发展，优秀驾驶员供不应求的现状，所以驾驶室的人机设计符合国人操作十分重要。

12.3 国内轨道交通工具驾驶室人机设计研究

目前国内关于轨道交通工具人机工程的设计研究处于起步阶段，相关的研究也比较少。轨道交通车内的一些设计，如驾驶室中操纵台、座椅的人机工程设计以及客室中的一些设计等，对列车的安全运行不会造成大的直接影响，因此一直没有引起设计师、工程师、技术人员等的足够重视。虽然发展到现在，我国不论在城轨车辆还是高速列车动车组车辆的外观造型设计上都有了很大进步，但由于这些车辆的技术引自国外，尤其是高速列车在我国刚开始发展的时候，很多车辆都是直接整车引进的，车内的各类设施，包含驾驶室座椅、操纵台等都是依照国外的各种标准设计。但在后来的国产化中，由于车内的设计并非像转向架等关系到速度、安全的核心技术，仍旧没有得到研究人员、技术人员的重视。

此外，我国轨道交通生产、制造企业多年来对驾驶室操纵台、座椅等的设计，仍是从设备本身的角度出发，进行功能和空间的设计，而没有考虑到驾驶员的个人因素。目前驾驶室的人机研究，不论是地铁、轻轨还是高速列车动车组，都刚刚开始，发展的原因大都源于客户的需求，所以进展缓慢。

然而，现代电子技术飞速发展，列车运行控制技术也在不断进步，驾驶室内配备了越来越多的电子设备，显示装置和操纵装置也越来越多，列车自动化控制程度也越来越高，但人机之间的信息交流也急剧增多，不仅给整个驾驶室的设计带来很多困难，而且使驾驶员的工作负荷越来越大。在长时间的驾驶中，驾驶员不仅要时刻注意车外路况、车内的信息显示装置，还要对操纵台上的操纵装置进行操作，精力高度集中，会产生生理上的身体疲劳和心理上的精神疲劳，进而影响驾驶员的认知与作业绩效，给列车运行安全带来事故隐患。因此，针对轨道车辆驾驶室的人机设计研究，是驾驶室人机效能充分发挥和列车运行安全的重要保障，同时也是铁路发达国家的研究热点。《轨道人机研究的过去、现在与将来》[①]一文中，也对该观点进行了表述。因此，针对轨道交通驾驶室

---

① Wilson J R，Norris B J.Rail human factors：Past，present and future[J].Alllied Ergonomics，2005，36（6）：649-660.

人机工程的设计研究具有重要的理论与实际应用价值。

本部分正是在这样一个背景下，为了能使我国驾驶员高效、安全、健康和舒适地工作，降低人为误操作率，提高列车运行的可靠性，将人机工程学原理融入轨道交通工具驾驶室的设计中，使驾驶室的设计体现"以人为本"的理念，希望能为国内轨道交通车辆驾驶室设计提供依据，为建立轨道交通工具产业的技术设计平台和技术规范提供参考，为驾驶员提供一个现代的、安全性的、舒适性的、方便操纵性的轨道交通车辆驾驶室设计。

然而，由于技术引自国外，并且国外已经形成并建立了相应的体系和标准，我国在轨道交通的设计研发中仍大多采用委外以及联合设计的形式，即便是中国自主研发的车型，在核心的设计方面仍然采用国外的，相关标准的建立同样也参考国外，还没有形成自己的体系。目前，对轨道交通车辆驾驶室的人机工程研究，国内仍然处于市场培育阶段。通过实际调查，发现我国的设计师、工程师、技术人员等因为轨道交通工具驾驶室的人机工程设计并不会直接影响到列车的运行安全，因而并不十分看重。

以我国高速列车动车组为例，发展到现在，外观造型设计上已经有了很大进步，但由于这些车辆的技术引自国外，尤其是在我国刚开始发展的时候，很多车辆都是直接整车引进的，车内的各类设施，包含驾驶室座椅、操纵台等都是依照国外的各种标准设计。但在后来的国产化中，由于车内的设计并非像转向架等关系到速度、安全的核心技术，仍旧没有得到研究人员、技术人员的重视。多年来我国轨道交通工具生产、制造企业在驾驶室操纵台、座椅等的设计上，仍是从设备本身的角度出发进行功能、空间的设计，而没有足够考虑到驾驶员这个人的因素。目前驾驶室的人机研究，不论是地铁、轻轨还是高速列车动车组，都刚刚开始，发展的原因大都源于客户的需求，所以进展缓慢。据了解，香港地铁公司对于驾驶室的人机要求有相当详细的规范和要求，国内公司在承担该项目设计时，驾驶室的人机工程分析也刚刚开始发展。

通过阅读大量文献以及研究多方资料，发现国内对轨道交通工具人机工程这一领域做全面、深入系统研究的很少。2012年10月，徐伯初、李洋等著的《轨道交通车辆造型设计》是国内第一部关于轨道车辆造型设计的著作，书中第五章笔者结合自己的经验对轨道交通工具驾驶室中的人机工程学进行了论述，但由于篇幅所限，内容并没有形成系统性的研究，也并不全面。

可以说，对于相应的整车驾驶室的人机工程的设计研究，国内处于空白阶段。只有适合自己的才是最好的，我们要从我国的人机特点出发来设计制造适合我们自己的轨道交通工具。

第 13 章 驾驶室及其人机工程概述

13.1 轨道交通工具驾驶室概述

轨道交通工具驾驶室（图 13-1）是驾驶员的作业空间，主要布置有操纵台、电控柜、座椅、空调、照明等装置，它是驾驶员获取与轨道车辆运行相关的数据、指标与信息并进行正确、安全驾驶操作的特定作业场所，是整个列车的控制和信息中心，所有的控制指令都可以从驾驶室发出。例如，对整列

图 13-1 380B 动车组驾驶室

车的车门控制。车辆的广播系统、列车控制系统等均在驾驶室内集成，驾驶员可以监控、发布以及控制各个系统的运转。到目前为止，虽然自动驾驶技术在轨道交通工具上已经有了很好的应用，然而，驾驶员仍是决定安全的决定性因素，其驾驶功能是必不可少且始终如一的，驾驶员下达的指令仍将拥有最高优先级。[1]同时，它也是检修、维修人员的工作场所。

驾驶室设计的合理与否关系到驾驶安全性、操作有效性以及轨道交通工具驾驶员的职业健康等问题，对于保障人机效能的充分发挥和列车的行驶安全至关重要。

13.2轨道交通工具驾驶室人机工程概述

人机工程学仍处于不断发展完善中，是在研究人、机、环境自身特点的基础上，将使用机的人、所设计的机以及人与机所共处的环境作为一个人—机—环境系统来研究，其目的并不着眼于其中单一要素的优化，而是通过科学地利

---

①张曙光 .CRH5 型动车组 [M]. 北京：中国铁道出版社，2008：171-172.

用三要素之间的相互作用和相互依存的有机联系来寻求整个系统的优化。①

人机工程学的研究起源于英国，但美国却完成了该学科的许多奠定性工作，其作为一门独立的学科仅发展了50多年，形成和发展大致经历了三个阶段②。

经验人机工程学阶段：在20世纪初期，美国学者泰罗（Frederick.W.Taylor）在综合考虑人使用的机器、材料、工具、作业环境的标准化问题后，提出了以提高工作效率为目的的操作方法。从泰罗的科学管理方法和理论的形成到第二次世界大战之前，是经验人机工程学的发展阶段。

科学人机工程学阶段：在第二次世界大战期间，人们发现"人的因素"是设计中一个不可忽视的重要条件，并首先在军事领域中展开了相关的研究和运用。这一阶段一直延续到20世纪50年代末，其间的研究除了心理学外，还涉及了生理学、工程技术。总之，该阶段的主要发展特点就是注重工业、工程设计中人的因素，以达到机器适应人的目标。

现代人机工程学阶段：20世纪60年代，欧美各国在经过战后的恢复阶段后进入了大规模的经济发展时期，人机工程学随着科学技术的进步不断发展，之前很多用于战争和军事的技术开始转向民用，人们生活中使用的机器、工具、日用品等的设计都开始考虑人机工程学。同时，应用新技术和新理论进行的人机系统的研究伴随着像控制论、系统论、人体科学以及信息论等学科中新理论的发展和建立应运而生，促使了人机工程学进入系统研究的阶段。此阶段一直发展至今。

近年来，设计中对人的认知、情感、感性因素的重视日益加强，与此相关的一些理论不仅代表着人机工程学的前沿课题，更成为今后人机工程研究发展的趋势和方向。③轨道交通工具驾驶室人机工程即是将人机工程学应用于轨道交通工具驾驶室中，对轨道交通工具驾驶室进行分析、研究，目的就是使所设计的驾驶室在满足驾驶员基本作业要求的前提下，使操作尽可能的方便、舒适、安全，有效减少驾驶员的身体和精神疲劳。欧洲国家轨道交通发展早，在轨道

① 丁玉兰.人机工程学：第3版[M].北京：北京理工大学出版社，2005.

② 谢庆森，黄艳群.人机工程学[M].北京：中国建筑工业出版社，2005.

③ 吕杰锋，陈建新，徐进波.人机工程学[M].北京：清华大学出版社，2011.

交通工具驾驶室的人机研究方面已经拥有了丰富的经验，建立了较为完善的设计标准。其中有些公司多年来一直从事轨道交通工具的设计研究，其中包括对轨道车辆人因工程的相关研究，并形成了一套自己的方法和体系。

目前，我国对轨道交通车辆驾驶室的人机工程研究仍然处于市场培育阶段，国内驾驶室的人机工程分析也刚刚开始发展，可以参照的文献少之又少。据调查，我国目前的驾驶室人机设计大都以参考国外以及结合一定的设计经验为主，既没有形成系统的方法，也没有全方位的研究。这就导致：一方面，轨道车辆驾驶室的设计并不能真正适合于我国驾驶员，驾驶员在驾驶和乘坐状态下的舒适性、手伸及性与操纵方便性、准确性不能得到有效保证，存在职业病等问题；另一方面，驾驶室设计进度缓慢，设计人员劳动强度大，不少驾驶室设计委托国外公司进行设计，设计费用高，周期长，而且不能真正适合于我国驾驶人员，不能很好推动我国轨道交通的生产发展。

第14章　驾驶室环境设计

　　轨道交通工具驾驶室是驾驶员的作业场所，也是驾驶员在行车过程中直接接触到的环境。驾驶室内的环境主要是指驾驶室内客观的理化条件和结构空间。[①]驾驶室中的理化条件如果达到良好，不仅可以使驾驶员精神饱满、心境愉悦，而且可以减轻驾驶员的作业疲劳，提高操作的可靠度。相反，如果驾驶室的理化条件不好或者很差，往往会导致一些事故的发生。以地铁为例（图14-1），由于地铁常运行于地下隧道中，驾驶员在驾驶室中能看到的是隧道中的照明灯、各种信号灯以及电线、电缆等，与其他轨道交通工具相比，驾驶员更容易产生倦怠情绪。心理学家发现，如果作业环境常处于阴暗状况下，容易导致"禁闭性反应"。一方面会更容易令人感到抑郁、苦闷，而且脾气暴躁，性格急躁；另一方面会致使驾驶员失去对外界事物的兴致，常常处于情绪低

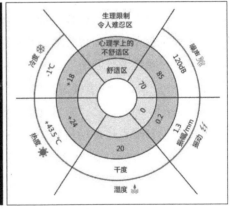

图14-1 地铁运行环境　　　　图14-2 决定舒适程度的部分环境因素及范围

---

　　① 黄荣贵，赵炳强等．环境因素对驾驶员生理、心理特性的影响 [J]．人—机—环境系统工程学术会议研究进展，2003（6）：262-267．

落的状况，对事业和生活都缺乏热忱。因此，要在驾驶室这个有限的环境里，给驾驶员创造一个舒适的环境就显得尤为重要。驾驶室内的理化条件主要是指温度、湿度、噪音、振动、照明、粉尘、有毒物质等，其中驾驶室内的光环境、噪声、振动、温度对驾驶员影响最大。[①]图14-2清楚地展示了决定人体舒适程度的部分环境因素及其最佳范围。

14.1 国内轨道交通工具驾驶室光环境设计研究

14.1.1 驾驶室光环境概述

光环境是由自然光线或人工光线呈现给使用者的一个或一系列内在联系的环境状况。[②]它与光（包括照明水平、分布以及形式）和颜色（包括色调、色饱和度、显色性）有关，同时还会受到空间形状等因素的影响。光环境对作业者及其作业都有影响。就人而言，合适的照明，能提高人的近视力和远视力。[③]而当照明不良时，容易产生视觉疲劳，进而引起视力下降、眼球发胀、头痛以及其他的影响健康的疾病，例如在傍晚天色昏暗时阅读容易引起近视等，此外视觉疲劳使工作不能持久。研究表明，照明对人的情绪会造成影响，它可以影响人的积极性和兴奋性，从而影响工作效率。因此，改善照明，可以提高劳动生产率。就作业而言，照明对工作效率有非常大的影响。舒适的光线和照明环境，可以提高工作速度和精确度，减少差错，提高工作的质量。照度、视疲劳与劳动生产率之间的关系见图14-3，可以看到，照度达到2000 lx时，作业光环境较为理想舒适。

根据光环境的定义，轨道交通工具驾驶室的光环境可以理解为是由自然光线或人工照明光线呈现给驾驶员的一系列内在关联的环境状态。影响轨道交通工具驾驶室光环境的照明因素分为自然光环境因素和人工光环境因素。其中影响自然光环境的因素是自然光，包括太阳直射光及天空反射光等。当轨道列车在正常运行中，驾驶室处在正常的天气状况下，会受到自然光的影

① 黄荣贵，赵炳强等 . 环境因素对驾驶员生理、心理特性的影响 [A]. 人—机—环境系统工程学术会议研究进展 [C].2003（6）：262-267.

② 云鹏 . 建筑光环境模拟 [M]. 北京：中国建筑工业出版社，2010.

③ 吕杰锋，陈建新，徐进波 . 人机工程学 [M]. 北京：清华大学出版社，2009.

响，它随季节、时间、气候的变化而变化，随运行地域、方向的不同而变化，对于自然光环境的最直接控制便是在驾驶室玻璃窗上安装遮光布，在需要时拉下。人工光环境因素包括仪表照明、室内照明以及车头前照灯照明等。当列车在夜间或者在隧道等特殊环境下运行时，驾驶室的光环境会受到由人工照明所形成的室内外光环境的影响。①

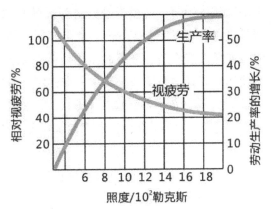

图 14-3 照度、视疲劳与劳动生产率关系图

光环境主要从以下两个方面对轨道交通工具的运营产生影响：

第一，影响列车的运营安全。现代电子技术飞速发展，使得驾驶室内配备了越来越多的电子设备，显示装置和操纵装置也越来越多，列车自动化控制程度也越来越高，但人机之间的信息交流也急剧增多，驾驶员不仅要时刻注意驾驶室外的路况、信号灯等，还要时时注意驾驶室内的各种信息显示装置的数据等，监控车辆的运行状态，并同时操作驾驶室内的各种操纵装置。由此可见，合理布置驾驶室的光环境，不仅可以提高驾驶员的视觉监控质量，而且还会减少视觉失误，降低风险发生的概率。

第二，影响驾驶员的视觉健康。光环境对驾驶员的视觉健康、视觉疲劳以及工作舒适性都会产生影响。若光环境的设计不良，会严重增添驾驶员的视觉疲劳，并使驾驶员产生不舒适感，在这种条件下长时间工作，对视觉健康水平会造成影响，并引起不同程度的损伤。

14.1.2 驾驶室光环境设计

驾驶室照明环境的设计至少应考虑以下三方面的要求：

（1）照度标准

不同环境中的视觉对象有不同的照度要求。就工作效率而言，同一条件

---

① 孙铭鑿. 高速列车驾驶室光环境研究 [D]. 北京：北京交通大学，2012.

下照度越大越好。研究发现，适当提高照度，不仅可以减少人的视觉疲劳，而且可以提高人的工作效率。此外，照度的确定既要考虑人的视觉需求，同时也要考虑技术及经济条件。进行轨道交通车辆驾驶室环境设计时，要确保所使用的灯具的照度满足要求，在额定电源电压下工作时，灯具发光表面基准轴 1300 毫米处的照度应为 120 lx。驾驶室操纵台水平高度上要有持续 60 lx 的照明亮度[1]，即操纵台的水平面最小照度应大于 60 lx。操纵台的照度均匀度最小值应大于等于 0.7。而作业面的临近周围，例如驾驶室地板照度均匀度要大于等于 0.5，通常驾驶室地面照度应保持连续照明 30 lx[2]，其他非作业区域，例如，间壁柜门扇的照度与操纵台水平面照度的比值以及司机室整体平均照度与操纵台平均照度的比值均要大于 1∶3。

（2）光线质量

光线质量有两方面的要求：

一是均匀稳定，即光线在视野内亮度均匀并且无波动、无频闪。随着科技的发展进步，LED 灯具由于其体积小、耗电量少、寿命长、无污染、色彩丰富、耐振动、可控性强等特点，已经被运用于轨道车辆驾驶室中，其点光源的特性加上其对光照射面的均匀度可控，所以备受设计师青睐。在轨道驾驶室中选用合适的 LED 灯具，无疑可以提高驾驶室中光环境质量。

二是光色效果，其涉及光源的色表和光源的显色性两个因素。

光源的色表是人眼直接观察光源时所看到的颜色，用色温 Tc 来表示。色温以绝对温度为度量标准，以 K 为单位。色温偏低表示光色偏暖（红色），偏高则表示光色偏冷（蓝色）（见图 14-4），色温只是用来表示颜色的视觉印象。不同的色温适用的环境有所不同（见表 14-1），合适的色温可以减轻疲劳，提高工作效率，反之会让人变得焦躁。轨道交通驾驶员由于其驾驶作业的特点，加上其有限的活动空间，因此需要为其设计一个舒适、愉悦的环境。结合照度水平与光色舒适感的关系，建议设计师在设计时选择冷白色光，即中性光较为适宜。

---

① UIC651-2002 国际铁路联盟，OR- 机车、车辆、动车组和带仪表台拖车的司机室布置 [S]，2002

② 孙铭銮，高速列车驾驶室光环境研究 [D]，北京交通大学，2012.

表 14-1 不同色温的适用环境

色表	色温（K）	适用环境
暖色光	小于 3300	暖色光与白炽灯相近，红光成分较多，能给人以温暖、健康、舒适的感受，适用于家庭、住宅、宿舍、宾馆等场所或温度比较低的地方
冷白色光（中性色）	3300～5300	中性色由于光线柔和，使人有愉快、舒适、安详的感受，适用于商店、医院、办公室、饭店、餐厅、候车室等场所
冷色光	大于 5300	光源接近自然光，有明亮的感觉，使人精力集中，适用于办公室、会议室、教室、绘图室、设计室、图书馆的阅览室、展览橱窗等场所

显色性是光源的光照射到物体上所产生的客观效果，用显色指数 Ra 表示。当各种颜色的物体受照的效果与标准光源照射一样时，显色指数高，该光源的显色性好；反之，如果物体受照后颜色失真，显色指数低，则该光源的显

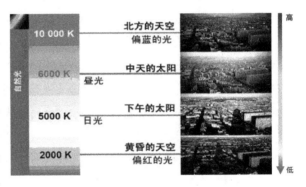

图 14-4 色温高低的色彩变化

色性差。太阳光的显色性最佳，物体只有在阳光（白光）下才会显示其本色。标准《CIE S 008/E–2001》中引入了显色指数 Ra，这样可以客观地对一个光源的显色性进行评价。Ra 的最大值为 100，显色质量下降，该数字会减小。一般认为，太阳光的显色指数为 100，不同光源的显色指数都不一样，显色指数越接近 100，其显色性越好（表 14–2）。在轨道交通工具驾驶室的光环境设计中，必须要选择具有合适色温、合适显色性的光源，否则会影响驾驶员对操纵台按钮颜色的判断，造成运行事故的发生。有关资料表明，在人们长久工作的室内，不适合使用 Ra 小于 80 的光源，需采用具有较高显色性的灯具。因此在轨道交通工具驾驶室中，应该采用显色指数至少为 80 的灯具。

表 14-2 显色指数及其评价

指数（Ra）	等级	显色性	一般应用
90 ～ 100	1A	优良	需要色彩精确对比的场所
80 ～ 89	1B		需要色彩正确判断的场所
60 ～ 79	2	普通	需要中等显色性的场所
40 ～ 59	3		对显色性的要求较低，色差较小的场所
20 ～ 39	4	较差	对显色性无具体要求的场所

（3）避免眩光

眩光是引起视觉不舒适、降低物体可见度的视觉条件，它的产生是由于视野中存在不适宜的亮度分布，或在时间、空间上存在的极端亮度对比。眩光有很多危害，会降低视力，破坏人眼的暗适应能力，并产生视觉残留，进而分散人的注意力，导致视觉疲劳，降低工作效率。[1]所以，在轨道交通驾驶室环境设计中应努力避免眩光。依据形成原因的不同，眩光分为直接眩光和间接眩光。直接眩光的产生是由于高亮光源直接进入视野。间接眩光同样也是由高亮光源产生的，但该光源并不在视野内，是经过反射进入的。

相应地，轨道交通工具驾驶室的光环境设计要从以下两个方面进行来避免眩光：

避免直接眩光：减小眩光源的发光面积。例如，在驾驶室中用较多低亮度的 LED 光源代替少数高亮度的光源；将眩光源移出视野，例如用挡光板、灯罩等遮挡眩光光线；提高眩光源周围的亮度，例如使物体亮度与背景亮度之间的比值不超过 100∶1。

避免间接眩光：改变眩光源位置或改变反射面角度，例如增大视线和眩光源之间的夹角，让眩光源尽量位于视线 45° 范围以上（图 14-5）；更换反射面材质，使之不反射或少反射。例如，驾驶室的顶板可以采用 GRP 玻璃纤维增强塑料，并进行亚光的表面处理，可以降低反射率（图 14-6）；提高反射面周围的亮度，减小亮度反差。

---

① 刘秉琨. 环境设计人体工程学 [M]. 上海：上海人民美术出版社，2007.

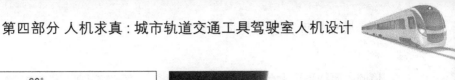

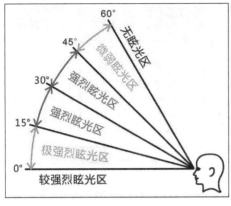

图 14-5 光源位置的眩光效应

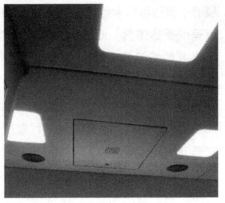

图 14-6 动车组驾驶室顶板

总之，对轨道交通工具驾驶室的光环境进行设计时，对于自然光环境的控制主要采用在驾驶室玻璃窗上安装遮阳帘的形式。对于人工光环境的设计，要确保所使用的灯具的照度满足要求，要求在额定电源电压下工作时，灯具发光表面基准轴 1300 毫米处的照度应为 120 lx。采用冷白色及中性色的光源，显色指数大于等于 80，操纵台面显色最小照度应大于 60 lx，照度均匀度最小值应大于等于 0.7，而作业面的临近周围的照度均匀度不应小于 0.5，通道和其他非作业区域的一般照明的照度值不宜低于操纵台平均照度值的 1/3，在地板面上应始终保证 30 lx。此外，在光环境设计时要避免直接眩光以及间接眩光。当总照明电路断开后，为了方便驾驶员可以无任何困难地观察、走动，驾驶室内仍需要保持一定的光线亮度。还需注意的是，仪表等照明光线不应刺眼，对驾驶员视觉造成不良影响。

14.2 国内轨道交通工具驾驶室热环境设计研究

14.2.1 驾驶室热环境概述

热环境是指由物理因素组成的作用在人体上，影响人体冷热感和健康的环境。每个人感到热舒适的条件都不相同，衣着、性别、年龄、国别、身体素质、个人活动量等都会对其产生影响。[①]

轨道交通工具驾驶室的热环境就是驾驶室内的微小气候环境。影响热环

---

① 王昭俊等. 室内空气环境 [M]. 北京：化学工业出版社，2005.

境的主要物理因素包括空气湿度、温度、流速以及热辐射。此外，还要考虑到人所具有的特性及人体代谢量和着衣量。各要素对人体的热平衡都会产生影响，并且对机体的影响是综合的。人体所受的热有两种来源：一是机体的代谢产热；二是外界环境热量作用于机体。研究表明，人体处于热平衡状态时（图14-7），人体产热和散热相等。当产热多于散热

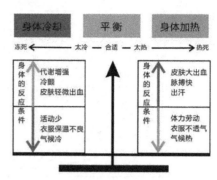

图 14-7 人体热平衡状态图

则会导致体温增高，而当散热多余产热则会导致体温下降。

人体具有较强的恒温控制系统，可以适应的热环境条件范围较大，但是，过热或过冷的环境同样会对人体造成伤害。例如，当作业者长时间在高温环境条件下作业，将会出现失盐、失水、头晕、恶心、极度疲乏等症状，极为严重时，甚至昏厥乃至死亡。在高温条件下，操作者知觉的速度、准确度以及反应能力均会有不同程度的下降，还表现为注意力不集中、烦躁不安、易于激动、对工作的满意感大为降低。当作业者在低温条件下作业时，体表温度会降低，人体散热量减少。在严重的冷暴露中，当局部温度降至组织冰点（-5℃）以下时，会造成局部冻伤。当体温下降至30℃以下，可导致死亡。低温会导致肢体麻木，影响手的精细运动灵巧度和双手作业的协调度。有研究表明环境温度在 20℃±5℃的条件下工作差错和作业事故都少，而温度更高和更低，工作差错和作业事故一般都呈上升的趋势。

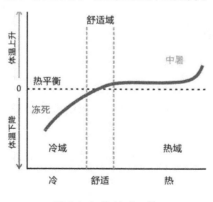

图 14-8 热舒适环境

综上，轨道交通工具驾驶室在设计时要创造出热舒适环境（图14-8），即要让驾驶员在生理和心理状态上均感到满意的热环境，进一步讲即要让驾驶员既不感到冷，又不感到热。

首先，轨道交通工具驾驶室的热环境和一般建筑物一样，都会受到温度、湿度、辐射等因素影响，不同的是轨道交通工具的驾驶室空间相对狭小。其次，

为了保证作业空间的舒适性，前窗挡风玻璃在驾驶室中所占的比例较大，特别容易受到阳光照射的影响，驾驶室中的热负荷大。再次，由于驾驶室是随时移动的，所以受到外界不同区域、天气、气候的影响十分明显。最后，驾驶室由于车体、气流速度等原因，近侧墙板的壁面处空气的温度梯度较大。

14.2.2 驾驶室热环境设计

轨道交通工具是"移动的建筑"，特别是地铁和高速列车动车组，其车厢和驾驶室基本都是封闭的，室内的环境受到外界气候、地域的影响，并且随之改变，加上其公共交通的特性，所以车内人员流动大，在短时间内环境会有较大的差别，而热舒适感则是由许多因素综合在一起形成的。轨道交通工具驾驶室在运行中是一个按照人们意志创造的、封闭的、受人们控制的室内环境。因此只要合理地组织其中的气流流动，便可以使驾驶室内的环境参数满足驾驶员的舒适性要求。在设计时要将以下因素综合考虑：

（1）空气温度

驾驶室内温度是热环境的重要参数之一。实验证明，夏日人们感到最舒服适宜的温度是 23℃～28℃，冬日是 18℃～25℃。

（2）空气湿度

驾驶室内空气绝对湿度对人体的蒸发散热产生直接影响，而对人主观凉热感产生影响的是相对湿度。在室内环境下，湿度是仅次于温度的对人体热舒适性产生影响的因素。皮肤湿润度是温度对人舒适性影响的主要体现，它的增加会使人感受为皮肤"黏着性"的增加，从而增加了热不舒适感。

（3）辐射温度

驾驶员处在轨道交通工具驾驶室内时，各物体表面都会与其产生辐射热交换。由于人的头部和足部对热环境的舒适条件十分敏感，所以在设计时应保持驾驶员头部表面的热平衡为负值，同时要保证足部的温度。在冬季条件下，驾驶室的地板温度不应比室内温度低 2℃～2.5℃。

（4）气流速度

气流速度是影响驾驶室中驾驶员热舒适性的又一个重要因素。实验表明，当气流速度小于 0.3m/s 时，人体会感到舒适。在夏季时，由于阳光直射强烈，环境温度较高，所以该气流速度要适当增大。

综上，在对轨道交通驾驶室的热环境设计时，要做到：

在夏季时，驾驶室的温度最好控制在23℃～26℃，在司机室内较高处和较低处区域的温度差不应超过3℃。相对湿度介于30%～70%，在正常通风条件下，在司机头顶上的空气流速要不大于0.25m/s。在冬季时，驾驶室的温度最好控制在20℃～24℃，地板表面的温度控制在18℃以上，在司机室内较高处和较低处区域的温度差不应超过3℃。相对湿度介于30%～70%，在正常通风条件下，在司机头顶上的空气流速要不大于0.15m/s。

14.3 国内轨道交通工具驾驶室噪声环境设计研究

14.3.1 驾驶室噪声环境概述

噪声一般是由大量的不同频率和强度的音调所组成。轨道交通工具驾驶室的噪声环境比较复杂，一般而言驾驶室内的噪声主要来源于：结构噪声（包括车体自身的一些结构噪声以及轮轨作用于轨面通过振动引起的地基、隧道等的辐射噪声）；轮轨噪声，包括滚动噪声（列车在运行时车轮在钢轨上运行而产生的噪声）、摩擦噪声、冲击噪声（车轮踏面擦伤或车辆通过年久的钢轨焊接处时产生的噪声）[①]；列车设备噪声（包括通风机、牵引电机等列车动力驱动噪声和空调压缩机等设备噪声）；列车在运行时的空气动力噪声等。并且不同的车型其噪声源也有所不同，高速列车在运行时由于速度很快，所以空气动力噪声要比一般的地铁大，而跨座式单轨车辆，采用橡胶轮胎，爬坡能力强，噪声较低。另外，由于行驶的环境不同，噪声也会有所不同。一些走高架轨道结构系统的轨道车辆，其噪声要比行驶于一般的路堤带坡度道床时产生的噪声声级要高。例如，苏州的地铁1号线，由于全部走地下，所以不存在高架轨道噪声。驾驶员长时间在噪声下工作，在影响听觉机能的同时，还会引起其他人体机能的下降，例如，会使动视力等有所降低，进而使对轨道交通信息的接受能力和判断能力下降。在噪声环境中，驾驶员不容易集中精力，通常反应迟钝，工作效率会有所下降，并且非常容易出现差错，从而增加引发事故的概率。研究表明，当噪声在90分贝以上时，人的听觉会变得迟钝，并且会有头晕、心情急躁等现象；当噪声达到120分贝以上时，就会使人产生心理的恐惧感和生理的呕吐、晕眩、视觉模糊和暂时性耳聋等。如果驾驶员长时间处于噪声很强的环

---

① 智野贞弥等．客车车内噪声，国外铁道车辆 [J].1986（4）：38—41.

境中，一方面会加速心理疲劳的产生，另一方面会产生诸如发怒、挑衅等不良情绪，甚至还会导致一些异常的举动，造成不应有的失误，影响轨道交通的运营安全。同时，还会诱发一些疾病，对驾驶员的身体健康十分不利。

14.3.2 驾驶室噪声环境设计

驾驶室中的噪声在前十大严重直觉工作压力源中排名第一位，行车时的噪音发生的频率与其给驾驶员所带来的压力必须重视和改善。鉴于驾驶员工作及环境的特点，主要从控制噪声源与控制噪声的传播两方面入手，进行设计控制。控制噪声源方面，轨道交通工具驾驶室的噪声环境在设计时应该分清其噪声源，针对不同的噪声产生原因采取不同的方法，进行相应的控制，例如针对空气动力性噪声和轮轨噪声所要采取的是不同的方式。控制噪声的传播方面，可以采用一些消声、吸声的材料以及隔振等局部措施，进行改善。例如，对车辆底部噪声的控制，可以采取在地板胶合减振树脂或填充发泡树脂等措施进行隔声处理，另外通过采用双层玻璃，以及在驾驶室的后壁、侧壁以及车顶等都采用组合式阻尼材料层覆盖，以减少噪声（图 14-9）。不论采取何种方法，要确保驾驶室内的噪声环境不影响驾驶员的健康，并能保持高效的工作。

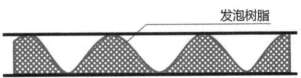

图 14-9 地板隔声示例

14.4 国内轨道交通工具驾驶室振动环境设计研究

14.4.1 驾驶室振动环境概述

振动是一个质量或物体相对于基准位置作业来回往复的运动，是影响人的健康和作业效率的环境因素之一。驾驶室内的振动是指轨道交通工具在行驶时，驾驶室沿着横向、纵向以及垂直方向发生的机械运动。振动有许多危害，表现在会损害驾驶员的视觉，造成视觉模糊，影响驾驶员对仪表判读的准确性，时间久了，对驾驶员的视敏度、视野、色觉等都有损害；振动还会损害驾驶员动作的协调性，增加驾驶员的操纵误差，并且还会分散驾驶员的注意力，增加疲劳感，加剧对心理的损害。此外，还可引起一些不良的生理反应，例如头、颈、背、下肢的肌肉酸痛、疲劳，活动能力下降等。研究发现，4 ~ 5Hz 左右的垂

直振动，操纵误差最大，在该频率时，驾驶员的作业效率会明显降低，此时振动的加速度越大，作业效率的降低就越多。当驾驶室振动加速度达到 0.5m/s² 时，作业错误会迅速增加；当驾驶室振动加速度高于 2.5m/s² 时，驾驶员便不能继续工作了。

14.4.2 驾驶室振动环境设计

在对轨道交通工具驾驶室的振动环境进行设计时，可以采取一些措施来消除或者减小振动，从而阻止振动的传播，将振动对人的不良影响和损害降至最小。消除振动或者减小振动的方法有很多，例如从生产工艺上控制或者消除振动源、改进振动设备和工具、隔离振源等，其中从生产工艺上控制或者消除振动源是振动控制的最根本措施。

对于设计师而言，在进行驾驶室设计时可以通过选用一些吸振材料、附加弹性阻尼材料等来达到减震的效果，例如操纵台罩板可以选用聚氨酯弹性体材料，其具有耐磨、弹性好、耐冲击、耐腐蚀等特性，具有很好的减振效果。

另外，设计师可以从驾驶室座椅的角度出发，在进行座椅设计时，在坐垫和靠背中填充泡沫，达到减振效果，并且固定到地板上的座椅支撑，也要采取一定的减振结构和措施，从而减小振动，保证驾驶员舒适、安全的驾驶环境。

第15章 座椅与操控台设计

15.1国内轨道交通工具驾驶室座椅设计研究

轨道交通工具驾驶室的座椅舒适性设计要比一般室内坐姿状态下操作用的工作座椅复杂得多，它包括静态舒适性、动态舒适性、操作舒适性三方面的设计[①]。概括起来，好的驾驶座椅设计必须保证驾驶员在连续几个小时操作的情况下，身体能够得到很好的支持，尽可能地减少驾驶员的疲劳度，提升其操作的舒适性。

良好的舒适性是一个高质量的轨道交通工具驾驶室座椅的必备要素，从人机工程学角度出发，该座椅应该首先要保证轨道交通工具驾驶员的舒适、稳定的坐姿；其次考虑到驾驶员作业的特殊性，要保证座椅可以为驾驶员提供良好的视野，不仅可以毫无障碍地观察窗外的轨道路况以及各种信号灯，而且要保证对操纵装置的高效操作和对显示装置的准确辨读；最后，由于轨道交通工具处在运行状态，并会产生振动，因此座椅的设计要有效减轻振动对驾驶员的影响，保证驾驶员作业时的舒适性，减少不良的生理、心理反应。

15.1.1 座椅舒适性分析

对于作业者，正确的姿势可以减少人体疲劳，不仅有利于身体健康，而且可以提高工作质量以及生产效率。作业姿势是指人体在空间所显示出的形态，有时也能清楚地表明人身心活动状态。在进行轨道交通工具驾驶室设计时，作业姿势是应该考虑的基本因素。

轨道交通工具驾驶员主要采用坐姿进行作业。与立姿相比，坐姿更有利于血液循环。在坐姿状态下进行作业时，臀部对全身都起着支撑作用，不仅可以保证身体的稳定，而且可以充分发挥脚的作用。但是，坐姿不易改变体位，用力也会受到限制，工作范围受制约，久坐和长期地采用坐姿进行作业很容易导

---

① 毛恩荣，张红，宋正河. 车辆人机工程学 [M]. 北京：北京理工大学出版社，2007.

致脊柱弯曲、大腿血液回流受到影响等。因此，在轨道交通工具驾驶室座椅设计时，在保证座椅良好舒适性的同时，也要保证臀部、背部、腿部等的必要活动空间，以改换姿势，保证其驾驶操纵作业的基本要求。

1. 坐姿生理学

坐姿生理学主要从脊柱结构、腰曲弧线来进行分析。

脊柱结构。人体在坐姿状态下，主要的支持结构是脊柱、骨盆以及腿和脚等。脊柱位于人体背部的中线处，通过肌腱和软骨将33块椎骨（7块颈椎、12块胸椎、5块腰椎、5块骶骨和4块尾骨）衔接构成，见图15-1。当人体处于坐姿时，腰椎、骶骨对设计而言十分重要，由于它们协同椎间盘及软组织在承受上身大部分重量的同时，还要完成扭转、弯腰等动作。

脊柱的正常姿势是在腰椎部分前凸，而至骶骨时后凹。当人体处于良好的坐姿状态时，各椎间盘上分布着适当的压力，身体的负荷也平均分散于肌肉组织，于是，不容易感到肌肉不适或疲劳、酸痛。而当人体处于非自然状态时，压力在椎间盘上的分布变得不正常，造成腰部酸痛、疲劳等诸多不适感。

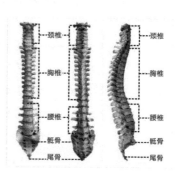

图 15-1 脊柱的形状及组成

腰曲弧线。从侧面观察，人的脊柱有四个弯曲（颈曲、胸曲、腰曲及骶曲），腰曲直接关系到坐姿的舒适性。图15-2展示了各种不同姿势下所产生的腰椎曲度。

图15-3所示，当靠背夹角在80°～90°时，椎间盘承受压力最大；当靠背夹角在100°～130°时，由于得到靠背的支撑，所以椎间盘承受压力逐渐减小。研究发现，腰椎的弯曲与自然形态最接近时，是最舒适的姿势，达到该状态的条件是腰部支承在靠背上，并使躯干与大腿间呈115°角。上体取笔直姿势时，不使用腰部支承反而比腰部支承有利，但长时间坐姿时，为了能将腿前伸而得到休息，还是

图 15-2 各种不同姿势下所产生的腰椎曲度

应有腰部支撑。当座椅在腰椎部提供两点支承时，可以使坐姿状态下腰弧曲线变形最小。第一支承应为肩靠，相当于肩胛骨的高度，处在第5、6胸椎之间。第二支承为腰靠，处在第4、5节腰椎之间的高度。合理的肩靠、腰靠应当使腰弧曲线处于正常的生理曲线。

2. 坐姿生物力学

坐姿生物力学，一般从以下几个角度进行分析：

一是肌肉活动度。当脊椎偏离自然状态时，肌腱组织便会遭到拉力或压力，致使肌肉活动度增加，从而造成酸痛和疲劳。根据研究，腰椎部位的肌肉活动度在挺直坐姿下较高，而当给腰部提供支承后，肌肉的活动度会立马减小；保持该挺直坐姿不变，将手臂向前倾，此时背部和肩部的活动度会增大，但是给前倾的手臂提供支承却并不能降低背部、肩部的活动度，时间一久很容易造成肌肉的疲劳和酸痛。

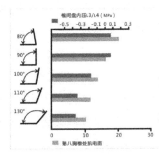

图 15-3 靠背倾角与椎间盘内压的关系

二是体压分布。人体的坐骨是骨盆下方的两块圆骨，其体型粗大，能比周围的肌肉经受更大的压力。在对驾驶室座椅的坐垫进行设计时，要按照压力在坐骨处最大，渐渐向四周减少，到腿部降到最低的原则进行。图15-4为理想的体压分布图，坐骨处的压力值以8 ~ 15Kp为宜，在接触边界处压力降至2 ~ 8Kp比较适宜。

三是股骨受力分析。当坐骨结节下的座面呈近似水平状态时，人体感到舒适，此时外侧的股骨处于正常的位置。但当坐面以凹形呈现时，股骨会处于受压迫的位置，引起身体的不适。所以在轨道交通工具驾驶室座椅设计时，一定要避免凹形坐面。（图15-5）

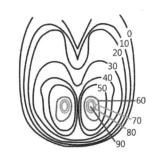

图 15-4 理想体压分布曲线（100Pa）

四是体态平衡。人的坐姿并不是固定不变的，人体会通过改变坐姿的方式来分布压力。缓解肌肉

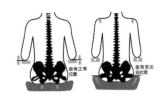

图 15-5 股骨受力分析图

疲劳，并保证身体平衡。坐姿的调节和自发稳定坐姿的动作都属体态平衡，即就座者达到变化和稳定的中间过程。由于坐姿有各种特征，所以由变化到平稳的活动类型就会不同。座椅在设计时，必须要满足这种要求，方便就座者灵活、平稳地进行体态调节。

综上，人体舒适的坐姿与座面、靠背的角度、靠背腰部和肩部的支承有着十分密切的联系。由于轨道交通工具驾驶室是处在运动状态中的，因此为了防止臀部的滑动，座面要略微偏离水平面而向上倾斜。由于驾驶员要时刻观察监控器等显示装置以及信号灯等，为了保证良好的观察效果，靠背的倾角设计要合理，要尽可能保证驾驶员的视线垂直于观察目标。鉴于舒适性和视觉性的双重要求，座面一般上倾 $0°$ ~ $5°$，靠背向后倾斜 $5°$ ~ $15°$，这样才能保持挺胸、肌肉放松的姿势，上身略微向后倾的状态，方便观察显示装置、信号灯、路况和进行操作控制装置。上身与腿的夹角在 $90°$ ~ $115°$，也是确保坐姿舒适性的必要条件。驾驶员在作业时，上身要向后倾斜，需要脚、腿的作用来保持身体的稳定和平衡，因此小腿与大腿、脚之间都要有合适的角度，防止驾驶员疲劳。

此外，当驾驶员长时间坐在一个位置不动时，便会出现肌肉的紧张、疲劳，这就要求驾驶员必须要适时地调节坐姿，放松肌肉。因此，在座椅设计时必须要留有一定的空间，方便驾驶员平稳调节姿势。

15.1.2 驾驶室座椅舒适性设计

座椅的尺寸设计对坐姿舒适性、座椅舒适性以及确保驾驶员正确的坐姿有着直接的影响，性能良好的座椅设计首先在尺寸上必须要满足我国成年人的人体尺度，其次是要选择合适密度的材质，保证座椅的舒适性与美观性。由于GB10000 中表格列值均为裸体测量结果，在进行轨道交通工具驾驶室的座椅设计时，需要考虑由于穿鞋引起的高度变化量和穿着衣服引起的围度、厚度变化量。另外，由于在对人体进行测量时，都要求挺直躯干，但实际上在正常驾驶中驾驶员采取的是自然放松的姿势，因此还要考虑由姿势变化引起的变化量。根据我国国家标准《在产品设计中应用人体尺寸百分位数的通则》，对产品的功能尺寸进行了设定：产品最小功能尺寸是人体尺寸百分位数与功能修正量（包括穿着修正量、姿势修正量、操作修正量）两者的总和；而产品最佳功能尺寸是人体尺寸百分位数与功能修正量和心理修正量三者的总和。

1. 座椅高度设计

轨道交通工具驾驶室座椅高度即座椅座面前缘高度，高身材男子和低身材女子其适宜的驾驶座椅坐高相差很大，所以在进行设计时选择50百分位的中国成年男女"小腿＋足高"进行设计，同时要考虑功能修正量（穿着修正量、姿势修正量、操作修正量）。另外，座面的高度要略低于"小腿加足高"10毫米左右，这样可以减少臀部压力（图15-6），并且可以方便双脚移动。

计算得出：座椅高度=[[第50百分位男子"小腿加足高"（413毫米）+穿鞋修正量（男25毫米）+着衣修正量（6毫米）]+【第50百分位女子"小腿加足高"（382毫米）+穿鞋修正量（女20毫米）+着衣修正量（6毫米）】}/2-10毫米=416毫米，座椅的高度设计为420毫米。

座椅高度的调节范围为：【第5百分位女子"小腿加足高"（342毫米）+穿鞋修正量（女20毫米）+着衣修正量（6毫米）-10毫米】~【第95百分位男子"小腿加足高"（448毫米）+穿鞋修正量（男25毫米）+着衣修正量（6毫米）-10毫米】，即358毫米~469毫米，故座椅高度的调节范围为360毫米~470毫米。为了便于适合不同身材的驾驶员，并让其能舒适地操作，要给驾驶座椅设置高度调节机构。

2. 座面宽度及座面深度设计

为了使驾驶员能随意调节坐姿，驾驶室座椅的座面宽度的设计要略大于人体坐姿臀部的宽度，但是座宽也不能太宽，否则不能给驾驶员提供稳定的位置。由于女性的臀部宽度比男性大，所以在设计时采用第95百分位的女性的"坐姿臀宽"，查表得知为382毫米，考虑到着衣修正量，以及便于驾驶员调整坐姿的空间，建议取400毫米。

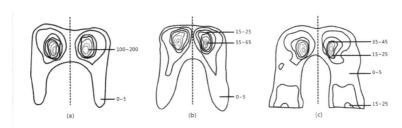

图15-6 三种座高下椅面体压等压线图

（a）座面高＝小腿高-5cm （b）座面高＝小腿高 （c）座面高＝小腿+5cm

在进行驾驶室座椅座深设计时，要注意座面必须要有支承面积，确保臀部边缘及大腿在椅面能够获得弹性支承，从而确保驾驶员乘坐及操作的稳定性，由于座面深度太深会对驾驶员腿部造成压力，影响血液循环，并且为了便于使腰背部获得腰靠的支托，座深设计要宁浅勿深。计算时取男、女第5百分位的"坐深"进行计算，【第5百分位女子"坐深"（401毫米）+着衣修正量（6毫米）+第5百分位男子"坐深"（421毫米）+着衣修正量（6毫米）】/2=417毫米，将数据四舍五入为圆整的数值为420毫米。座深一般要设计调节机构，这样体形庞大的驾驶员在乘坐时，可以通过滑出坐垫的方式来增大座深，但其最大座深要小于第95百分位男子的"坐深"（494毫米），一般取480毫米，即坐垫最大滑出60毫米。

3. 坐垫倾角设计

驾驶员在进行作业时，为了防止驾驶员的臀部下滑坐不稳，并且要保证驾驶员操作的舒适性，可以自然向后倚靠，因此，坐垫应该前高后低，有一定的倾斜度，即坐垫相对于水平面的夹角，一般取0°至5°。由于高速列车常常是城市对城市的线路，所以运行距离比较远，运行时间长，驾驶员对座椅舒适性的要求更高，因而一般设计成带调节的机构，更具灵活性和更高的舒适性，方便驾驶员改变坐姿，放松紧张的肌肉。

4. 靠背与坐垫角

根据坐姿的舒适性要求，轨道交通驾驶室的驾驶座椅靠背要略微向后倾斜，保证人体脊柱的自然轻松姿势，减少影响驾驶员健康的不良因素。虽然在115°时，腰椎的弯曲与自然形态最接近，是最舒适的姿势，但同时也要考虑到驾驶作业的特殊性，要保证驾驶员良好的视野以及对操纵装置方便、正确的操作，一般而言，取95°至105°。在设计时可以设计为可调节的机构，这样可以方便不同的驾驶员使用，并尽可能满足其需求，对于长时间驾驶的列车，例如动车组，可适当加大调节度数，便于驾驶员在停车时可以休息。

靠背高度的设计，进行设计时选择50百分位的中国成年男女"坐高"进行设计，同时要考虑功能修正量，另要考虑到枕骨的位置。靠背高度=【第50百分位男子"坐高"（908毫米）+第50百分位女子"坐高"（855毫米）】/2+着衣修正量（6毫米）−枕骨位置（108毫米）=779.5毫米，取整为780毫米。靠背的宽度与坐姿肩宽有关，由于靠背过宽不利于保持身体的稳定，所以一般取第 95 百分位男子的"最大肩宽"（446 毫米）进行设计，一般取 450 毫米。

另外，靠背的底部不适宜与人体的臀部接触，离坐垫留一定的缝隙，这样不仅使驾驶座椅通风透气，而且可以防止在列车运行振动时，驾驶员臀部的向前滑动。靠背和头枕处注意设计出一定的弧面形状，在肩靠和腰靠位置（距离座面 165 毫米 ~ 210 毫米），设计出舒适的支承，提高驾驶员座椅的舒适性。由于车辆在运行中与振动将产生横向力，因此靠背两侧要稍微隆起以减轻驾驶员身体的横向移动，缓冲横向振动对驾驶员的冲击。

5. 座椅扶手设计

轨道交通驾驶室司机座椅一般设置扶手，因为扶手可以支承手臂，从而缓解并减轻肩部负担，在对座椅的扶手进行设计时，需要考虑其高度和宽度。另外，由于驾驶室中空间位置有限，不仅要确保驾驶员可以很舒适便捷地进行操作作业，而且要考虑到在突发状况时驾驶员可以轻松、方便地离开座椅，因此，座椅扶手要设计成折叠扶手，一般是在垂直位置折叠，其扶手长度的设计还要考虑到当座椅处于向前位置时，其长度要避免接触到操作台边缘。座椅扶手的高度设计进行时选择 50 百分位的中国成年男女"坐姿肘高"进行设计，即【第50 百分位男子"坐姿肘高"（263 毫米）+ 第 50 百分位女子"坐姿肘高"（251毫米）】/2=257 毫米，由于扶手过高和过低都会使肩部肌肉紧张，因此一般扶手设计略低于"坐姿肘高"，可取 250 毫米。

6、坐垫以及靠垫设计

驾驶座椅的坐垫及靠垫的设计需要注意避免使臀部和背部凸出的局部受到过于集中的压力，在进行设计时要选择具有一定弹性的椅垫和坐垫，从而缓解这种不适，并利于驾驶员保持正确的驾驶姿势。坐垫以及靠垫在进行选择时要选择软硬性能适宜的坐垫，因为过于硬会

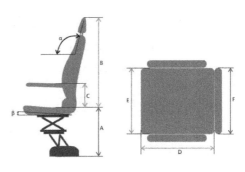

图 15-7 座椅尺寸示意图

使压力过于集中，而过于软则不利于驾驶员的生理调节。在材料的选择上，一般用耐磨的多孔材料覆盖，这样利于驾驶员的正常排汗，保证座椅的通风、透气以及较长的使用寿命。

表 15-1 座椅尺寸

名称		尺寸	调节量	备注
A	座椅高度	420 毫米	360 ~ 470 毫米	座椅设置调节机构
B	靠背高度	780 毫米		
C	扶手高度	250 毫米		扶手可转动收回，便于驾驶员进出座位
D	座面深度	420 毫米	最大滑出 60 毫米	座椅设置调节机构
E	座面宽度	400 毫米		配合靠背，座面左右两边设计凸起，更稳定、舒适
F	靠背宽度	450 毫米		靠背左右两边缘处设计凸起，更稳定、舒适
α	靠背倾角	95° ~ 105°		动车组等长途列车，可设置调节机构，便于驾驶员在停车时可以休息
β	坐面倾角	0° ~ 5°		为确保驾驶员稳定性，建议设计度数

总之，我国轨道交通驾驶室的座椅设计要从我国的成年人人体尺寸出发进行设计（图 15-7，表 15-1），确保驾驶员的舒适性以及操作姿势的正确性。当然，若驾驶员长时间坐在座椅的一个位置保持不动，总会引起身体不适和疲劳，所以座椅必须设计有额外的空间，可以让驾驶员改变在座椅上所处的角度或坐在座椅的任意一边，暂时放松他的肌肉。

15.2 国内轨道交通工具驾驶室操纵台设计研究

显示装置和操纵装置组合成的作业单元称为操纵台[1]。轨道交通工具操纵台位于司机室内部，是最重要的列车控制组件，控制列车和获取运行状态信息的驾驶员操作和监视界面都集中于此，驾驶员无须离开驾驶室，便可以方便地得到所有的必要信息，例如：牵引、ATP（Automatic Train Protection 列车自动

---

① 阮宝湘，等.工业设计人机工程 [M]，北京：机械工业出版社，2010.

保护）、车门、车内气候、照明、无线通信以及广播等系统信息（如图15-8、图15-9所示）。操纵台设计的是否科学合理，对于驾驶员能否全面、准确地完成驾驶职能具有重大影响。

图15-8 CRH1型动车组操纵台　　　　　图15-9 武汉地铁操纵台

轨道交通驾驶室的操纵台设计要满足以下三方面的条件：

第一，尺度宜人，可以为驾驶员提供舒适的操作姿势和合适的身体支承。

第二，显示器的布置要合理，能够适合驾驶员的视觉特性。

第三，操纵器布置合理，要方便驾驶员操作。

15.2.1 信息显示设计研究

表15-2

项目	优势	局限
视觉信息显示	可以直观地传达比较复杂、抽象的信息；传递速度快；传递距离远；显示时间可持续	对视力、色彩分辨能力有要求；可能造成误解；容易受环境中的照明、色彩等干扰；信息量过大时，人无法同时处理
听觉信息显示	信息传递速度快；传递装置可配置在任意方向上；用语言通话时应答性良好	对听力有要求；信息容量有限；传递距离有限；信息内容不可持续，不可查对

触觉信息显示	可接受信息的人体器官多；不会影响他人	信息容量小，不易辨识；必须与人体接触

在人机系统中，信息显示装置是以视觉、听觉、触觉等多种形式向人传达机器相关信息的装置。根据形式的不同，可以分为视觉显示器、听觉显示器、触觉显示器等。视觉显示器由于人的视觉是获取信息最多的感官而得到最为广泛的应用。在轨道交通驾驶室中同样如此，视觉信息显示器占主体地位，由于各种显示均有自己的优势和局限（表15-2），所以要进行综合运用。听觉信息显示在轨道交通驾驶室中配合视觉显示，协助驾驶员完成相应的作业。好的信息显示设计可以方便驾驶员舒适、准确地进行操纵控制，并且在紧急状况下可以迅速让驾驶员做出更准确的判断，及时处理事故。

1. 视觉信息显示分析

在进行对轨道交通驾驶室视觉信息显示设计时需要了解驾驶员的视觉特性，在进行设计时要依据视觉机能以及视觉特征等几个方面进行设计。

一是视觉机能。视觉器官对客观事物识别能力的总称称为视觉机能，它包括视角、视力、视野、对比感度、颜色辨认等。

视角是由瞳孔中心到被观察对象两端所张开的角度，观察距离以及和被观察目标的两端点的直线距离都会对视角造成影响。

眼睛分辨物体细微结构能力称为视力，其大小会随着年岁、亮度、对比度、颜色对比等的变化而变化。我们通常所说的视

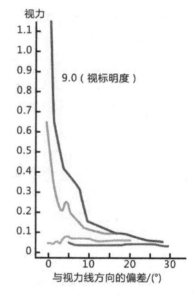

图15-10 视网膜上的视力分布

力，是视网膜中央凹处注视点的视力，即中心视力。由图15-10可见，只在注视点附近才能完全看清物体，当离开注视点时，视力大约下降1/2。

视野包括一般视野和色觉视野。一般视野常以角度来表示，包括水平视

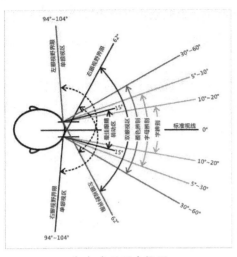

（a）水平面内视野

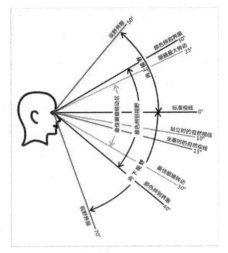

（b）垂直面内视野

图 15-11 人的水平视野和垂直视野

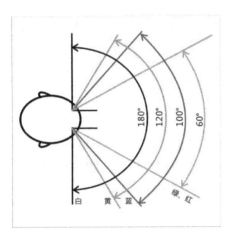

（a）水平面内视野

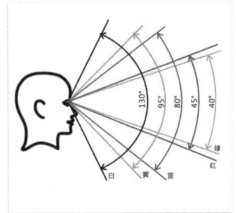

（b）垂直面内视野

图 15-12 人的色觉视野

野和垂直视野（图 15-11）。人眼只有在物体与背景的颜色或亮度之间有一定对比度时，才能分辨其形状。人眼辨别颜色的能力叫色觉。色觉视野（图 15-12）的产生是由于不同颜色对人眼的刺激有所不同，所以造成色觉视野有所不同。色觉视野的大小除了与颜色有关外，还同被看物体的颜色与其背景衬色的对比

情况有关。由于轨道交通驾驶室中各种仪表、显示器以及操作控件需要用不同颜色进行显示和表意，属于辨色能力要求高的工作，因而驾驶员必须不能是色盲和色弱。

人眼的暗适应与明适应的产生是因为人眼对光亮程度的变化具有适应性。当人的眼睛从亮度大的观察部位转移到小的部位，或者从光亮的地方进入黑暗的地方时候，人的眼睛需要经过一段时间的适应才能看清物体，称为暗适应。情况相反时称为明适应。研究发现，暗适应时间较长，基本适应需要四到六分钟，完全适应需要半小时。明适应时间较短，一般为一分钟左右便可以完全适应。

二是视觉特征。

人眼沿水平方向的运动要比沿垂直方向快，看到水平方向的物体要先于垂直方向，对水平方向的尺寸、比例估计的准确程度要高于垂直方向。

人眼在水平方向不容易感到疲劳，观察顺序习惯于从左到右，由上到下，以及沿着顺时针方向观察。

在设计时要以双眼视野的设计为依据。

当人眼在偏离视中心并且偏离间隔相等的状况下，左上限的观察为最优，其次是右上限、左下限，最差是右下限。

直线轮廓比曲线轮廓更易于被人眼接受。

颜色对比与人眼辨色能力有一定关系。

2. 视觉信息显示设计

在进行操纵台视觉信息设计时，设计师要根据驾驶员的视觉机能以及视觉特征进行设计，包括对视觉信息显示设计的整个空间布局、其在仪表板上的排列，并且要确保仪表显示的有效认读，并提供仪表照明以方便驾驶员在暗环境中也能准确迅速地对仪表认读。

（a）动车组操纵台显示装置　　（b）地铁操纵台显示装置　　（c）有轨电车操纵台显示装置

图 15-13 不同轨道车辆操纵台显示装置

视觉信息显示的空间布局设计包括对水平方向和垂直方向的考虑。水平方向的布局要结合驾驶员的水平视野，信息显示屏以及仪表都要根据其功能和重要程度进行分区布置，并且为了使驾驶员能够准确地对显示屏等进行准确的认读，要保证信息显示装置都在最佳的观察视野内，并且要保证视距相等。轨道交通类型不同其视觉信息显示装置的数量及复杂程度都会有所不同，其中高速列车动车组的信息显示装置最为复杂、装置最多，而地铁次之，有轨电车则相对更加简单（图15-13）。不论哪一种都要保证视觉信息显示设计的合理性，都要位于驾驶员的最佳观察视野范围内。不仅不同种类的轨道交通工具要根据其自身的车辆参数标准结构进行设计，而且同种轨道交通工具不同车辆也要根据各自的车辆布局、结构要求进行显示装置的设计。例如，CRH1型车与CRH2型车同属于动车组，但其驾驶室操纵台的信息显示装置的水平布局却是不同的（图15-14）。CRH1的操纵台位于驾驶中线上对称分布，CRH1型信息显示面板分为左侧面板、中央面板以及右侧面板。其中中央面板对于驾驶员而言是最直观的，位于驾驶员的正前方，包括LKJ2000（列车运行监控记录装置的一种型号）显示单元、ATP显示单元以及以数字显示表示的速度/转矩显示，左侧面板视觉信息显示装置包括CIR（机车综合无线通信设备）无线通信显示，左侧后视镜系统视频监控器，包含用于列车控制、驾驶室内部控制和供电控制的按钮和指示灯的面板，以及包含用于制动控制的按钮和指示灯面板。右侧信息显示面板包括IDU信息显示单元，右侧后视系统的视频监控器，PIS（Passenger Information System 旅客信息系统）显示器以及用于列车控制的面板。而CRH2

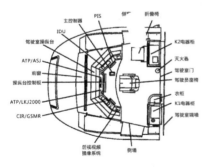

（a）CRH1型动车组驾驶室布局

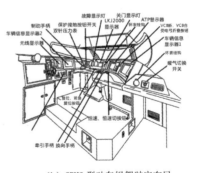

（b）CRH2型动车组驾驶室布局

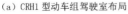

图15-14 不同型号动车组驾驶室布局

动车组其操作台并非左右对称型，主驾驶员位置位于中线偏下方。其主要面板上布置有 LKJ2000 显示单元、ATP 显示单元、故障显示灯以及关门显示灯，在侧面板上布置有无线显示器以及电压表的显示灯盘等。再例如，地铁列车由于逃生门的位置不同以及逃生门的有无，其操纵台的位置都有所不同。我们所熟悉的武汉地铁 2 号线，由于隧道内设有疏散平台，其车辆本身是没有设置逃生门的，在发生紧急情况时，驾驶员和乘客用侧门逃生。其操纵台位于驾驶室中线上。而西安地铁逃生门位于驾驶室前脸侧面，其操纵台位于逃生门旁边，见图 15-15。

（a）驾驶室前脸　　　　　　　　　（b）驾驶室内部

图 15-15 西安地铁驾驶室

深圳地铁车辆的逃生门位于驾驶室前脸中央，所以操纵台分为主要操纵台和副操纵台，分别位于逃生门左右两侧。但不论哪一种操纵台，其显示器的水平布局都要方便驾驶员的监控和认读。总之，由于轨道交通其操纵和显示比较复杂，当驾驶员前方需要布置较多的信息显示装置，而且总面积较大时，可以将信息显示面板布置为圆弧形或者梯形。当采用弧形时，由于双眼的视野界限为中心 –62°～ 62°，所以最好弧线角度要小于 120°，边缘视线与仪表板和显示器的夹角不应小于 45°。当采用梯形时，两侧面板与中央面板之间的夹角以 115° 为最优，双人使用时可以采用 125°～ 135°[①]。由于地铁车辆操纵台都是单人使用，所以两侧面板与中间面板之间的夹角以 115° 为最优。而动车组则要视实际情况而定（图 15-16）。

---

① 徐伯初，李洋等 . 轨道车辆造型设计 [M]. 北京：科学出版社，2012.

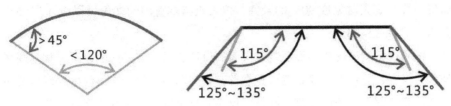

图 15-16 弧形和梯形信息显示面板

操纵台视觉信息显示垂直方向的布局要结合驾驶员的垂直视野进行设计，根据垂直视野不同观察角的优劣进行选择。图 15-17 展示了在坐姿状态下，垂直仪表的分布区域。由图可见，对于 A 区域的仪表，操作者需要仰视才能观察到，所以只能用来布置那些用得很少但又不可或缺的显示装置，比如报警装置等。B 区域一般布置次常用的仪表，例如那些驾驶员间隔一段时间才会巡视的那些信息显示装置的工作状态。C 区域是驾驶员的最佳观察范围，这个区域的视觉工作效率很高，在操作中经常观察和监控的信息显示装置适合布置在这个区域内，例如高速列车的 LKJ2000 显示器、ATP 显示器，地铁的 HMI（Human Machine Interface，人机接口或人机界面）显示器和 ATC（Automatic Train Control，列车自动控制系统）显示器等。D 区域位于上肢的正常操纵范围内，一般是显示装置的附带操纵台，可以布置一些制动、启动、调节和信息转换的按钮和旋钮等，也可以布置一些次常用的显示仪表。信息显示面板距离人眼的位置最好达到 710 毫米左右，其高度要不阻碍驾驶员观察轨面低处信号灯的视线。此外，当驾驶员进行操作时，仪表、显示器应该与视线成 90°，这样可以达到观察最优。并且，由于驾驶员在操作时，头部会自然向前倾，所以为了

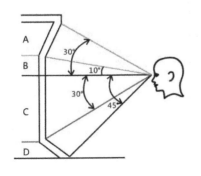

图 15-17 垂直方向信息显示面板分区

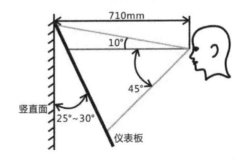

图 15-18 信息显示面板空间位置

满足视线与观察对象成90°的条件，仪表板与垂直面的夹角可以设计为25°至30°（图15-18）。

按照视觉运动规律，显示装置板面的设计要呈左右方向的矩形。相互联系越多的仪表、显示器等要布置得越靠近，例如车门关闭和未关闭的指示灯要布置到一起，方便驾驶员观察。此外，仪表、显示器等的排列要考虑到它们的逻辑关系。

最重要、最常用、最主要的仪表和显示器要尽量安置在人的最优视区，即在视野中央3°范围内。在20°～40°的视野范围内放置一般重要性的显示器、仪表；在40°～60°的视野范围内，只可安排偶尔用的、不重要的少数个别次要仪表或显示器。但有时，以动车组为例，由于其装置较多，所以不能确保所有信息显示装置都在驾驶员眼动视野范围内，有些装置需要驾驶员稍微转动头部进行观察，这些不在眼动视野范围内的显

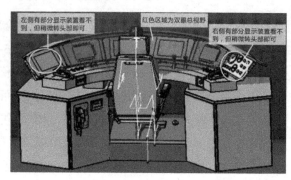

图 15-19 动车驾驶室显示装置视野模拟

（a）地铁　　　（b）动车组

图 15-20 驾驶室中的圆形仪表

示装置必须是不重要的显示装置（图15-19）。

为了保证仪表的有效认读，在进行仪表设计的时候也需要注意，对于数据型显示仪表，其显示方式的不同将使认读的准确率会发生很大变化，其中开窗式仪表最优，接下来为圆形仪表、半圆形仪表、横向长条形仪表和垂直长条形仪表。[1]在进行轨道交通驾驶室仪表显示设计时其显示方式的设计必须符合驾驶员的视觉习惯认知和记忆认知特征等。一般而言，驾驶室中常见仪表包括压

---

[1] 马江彬.人机工程学及其应用 [M].北京：机械工业出版社，2001.

力表和速度表，采用圆形仪表符合习惯。如地铁列车车辆驾驶室中显示车速的仪表采用圆形仪表进行显示，如图 15-20（a）。再如，在动车组车辆中，除了车速显示外，其总风管/列车管压力表以及制动缸压力表也常采用圆形仪表，如图 15-20（b）。

为了保证驾驶员对显示器的有效认读，显示器的信息显示必须要保证显示内容与背景要有一定的对比度，这样才可以让驾驶员认清其显示内容的形状，这种对比可以是背景与内容在亮度上的差别，也可以是背景与显示内容的颜色上的差别。例如，可以使用蓝底白字进行色彩搭配，颜色对比鲜明，易于驾驶员的有效认读。此外，还要配合不同的颜色区分作业范围或者说是作业情况，这样才能有利于驾驶员迅速察觉和处理，例如在列车进行制动控制时，绿色表示测试正在进行，红色则表示制动测试未通过，停车模式激活常用黄色表示，用绿色表示保持制动启动。

最后，显示屏的材料选择方面要注意尽量选用反光小的显示屏幕，尽可能减少驾驶室照明灯具、外部环境灯对显示屏的影响，便于驾驶员能够准确认读。对于仪表，其认读的有效性还与照度有关，在黑暗的环境中，为了保证仪表的有效认读性，需要对仪表提供照明，0.1 lx 的照度比较适合黑夜中仪表照明的需求。在提供仪表照明的同时，还要考虑到驾驶员眼睛的暗适应。仪表照明的颜色可以采用弱的白光。为了驾驶员的健康，驾驶室中配备光敏传感器，可以根据天气情况，配置适宜的仪表照明。此外，为了便于驾驶员的夜间操作需要可以设置阅读灯，根据人一般习惯于左边光照的习惯，常设计在驾驶

图 15-21 阅读灯空间位置

员左侧，可以直接安装于操纵台水平面板上，也可安装在操纵台垂直面板上（图 15-21），为便于调节，建议采用柔性材料。

3. 听觉信息显示分析

听觉是仅次于视觉的重要感觉，视觉会受到环境空间、亮度的限制，而听

觉则可以弥补并配合视觉。在轨道交通驾驶室中，听觉显示配合视觉显示协助驾驶员安全完成驾驶任务。在进行对轨道交通驾驶室听觉信息显示设计时需要了解驾驶员的听觉特性，依据听觉机能及其特征等进行设计。

声波作用于听觉器官，使其感受细胞兴奋并引起听神经的冲动发放传入信息，经各级听觉中枢分析后形成听觉。对于设计师来说，要了解并合理运用听觉系统的警报机能，通过合理运用听觉信号来引起人的反应，了解发生的危险或者重要的情况。

人具有以下听觉特征：

第一，听觉的时间特性。人耳不能立即对声音做出反应，具有时间特性，大约需要 0.2 ~ 0.3s（秒）的时间才能听到声音，因此在设计时声音信号需要持续更长时间。

第二，声音的掩蔽。驾驶员总处在一定的噪声环境中接收信号，会发生声音的掩蔽效应。声音的掩蔽是指声环境中的一个声音成分使人耳对另一个声音成分的感受性降低的现象。例如，要确保警报信号能够被驾驶员听到并引起其反应。

第三，听觉的差别感觉。听觉信号的声音必须是可以辨认的。例如，用不同强度和频率的声音代表不同的轨道交通状态，例如控制客室车门开闭的声音与警报声音要区别设计，便于驾驶员准确辨认。

4. 听觉信息显示设计

轨道交通驾驶室的听觉显示装置可以分为两类，即声音听觉显示器和言语听觉显示器。声音听觉显示器包括蜂鸣器、扬声器等，言语听觉显示器包括PIS 乘客信息系统手持机、CIR 无线通话手持机以及麦克风等。

（1）声音听觉显示器设计。声音听觉显示器的设计必须要满足驾驶员对信号的检测和辨认，便于驾驶员准确无误地区分告警信号和注意信号。在设计时要注意声音信号能被驾驶员识别，持续时间至少 2 秒，并且信号持续的时间要与危险存在的时间相一致，信号的消失也要随着危险状态而定。具体的告警信号设计可以参考相应的标准和规范，例如 GB/T1251.1-2008《人类工效学：公共场所和工作区域的险情信号、险情听觉信号》、GB12800-1991《声学：紧急撤离听觉信号》等。

声音听觉显示器要配合视觉显示器，帮助驾驶员安全完成驾驶任务，可以

通过配合相应的指示灯一起进行布置。例如，车门未关闭时发出声音信号并有相应的红色指示灯闪烁，能更快引起驾驶员的注意。蜂鸣器一般安装在操纵台上，便于配合信息显示装置共同起到警告、引起注意的作用。扬声器一般装置于驾驶室顶板上。

（2）言语听觉显示器设计。轨道交通驾驶室中的言语听觉显示器包括 PIS 乘客信息系统手持机，CIR 无线通话手持机以及麦克风等。言语听觉显示具有很强的信息表达能力，并且更加符合人的习惯。在设计时必须要注意确保言语的清晰度，语言的强度，并且由于驾驶室中存在噪声，因此要保证在噪声环境中的言语显示。

在安装布置上，言语听觉显示器一般安装在操纵台上，CIR 无线通话手持机和 PIS 乘客信息系统手持机要分别配合 CIR 显示器和 PIS 显示器完成工作，因此在安装时要注意配套安装，即装置在显示器的紧临位置。麦克风起到加强言语的清晰度、强度、便于言语从噪声环境中识别的功能，同样要装置于操纵台上，并且为了适

图 15-22 CRH1 动车组驾驶室麦克风

合不同驾驶员立姿和坐姿嘴唇的不同高低位置，可以采用柔性材料，便于驾驶员随意调节。此外根据驾驶室的空间大小、噪声状况等可以安装多个麦克风。安装的具体位置要不妨碍驾驶员操作操纵装置以及不影响驾驶员观察显示屏幕为宜，可以安装在水平操作台靠近屏幕方向的位置或者安装在垂直信息显示面板上（图 15-22）。

15.2.2 操纵控制设计研究

轨道交通工具驾驶室的操纵控制装置是驾驶员用以将信息传递给机器，使之执行控制功能，实现调整、改变车辆运行状态的装置。驾驶员也能通过其自身感觉从操纵控制器接收到完成操作所需要的一些反馈信息。因此，操纵控制器构成了人机系统的又一人机界面。操纵控制装置的设计是否合理，直接关系到人机系统的工作效率。合适的操纵控制装置，可以使驾驶员准确、迅速、安全地进行操作作业，并且可以减少紧张和疲劳，在进行设计时要充分考虑驾驶

员的生理、心理以及驾驶员的用力等特性。

轨道交通驾驶室操纵控制装置比较多，尤其是高速列车。但可根据人体操作部位的不同分为手控操纵装置和脚控操纵装置。由于轨道交通驾驶室的脚控操纵装置只有装置在踏板上的警惕装置（该装置主要是为了防止驾驶员睡着或者发生意外，在进行作业时，驾驶员要保证每隔一定时间就踩一次警惕装置，如果在规定时间内没有踩踏，该装置就会发出警示，提醒驾驶员做出反应。如果驾驶员在短时间内仍没有回应，为了确保安全，运行的车辆便自动减速停止），比较简单，因此主要论述手控操纵装置。

手操纵装置按大类可以分为控制杆类（例如司机控制手柄，它可以控制不同牵引模式下的速度、常用制动以及紧急制动）、按钮按键类（例如开关门按钮、指示灯测试按钮、挡风玻璃加热电阻按钮）、旋钮类（例如司机室照明旋钮、司机脚踏加热旋钮、司机室温度选择等）、拨动式开关（前、后开闭机构开关、司机室工况选择开关、头灯开关、雨刷和清洗器控制开关）以及触压屏（例如ATP显示器、HMI显示器等）等。设计师在进行设计时要根据不同的操作需要进行设计，其形状、大小、旋转的度数、操纵力的大小等，要根据GB10000中给出的中国成年人手部尺寸、关节的活动范围以及手臂的操纵力进行设计，具体可以参考毛恩荣的《车辆人机工程学》以及丁玉兰编著的《人机工程学》。

总之，在进行操纵器设计时，要做到：首先，操纵器要符合驾驶员的生理特点，包括操作力的大小以及操作的速度等，方便大多数驾驶人员的使用和操作。在对操作力进行设计的时候，要利用驾驶员最自然的动作进行操作，以减轻作业的疲劳感。其次，操纵装置的运动方向要同轨道交通列车的运行相协调。例如，司机控制器，向前时为向前驱动，加速行驶，而向后时则表示制动，要与列车运行状态相协调。再次，无论操纵装置的数量有多少，排列的顺序是怎样的以及所处的位置如何，都要保证每个操纵装置都能被操作者识别出来，在颜色上例如按钮类的可以设置为黑色边缘，而指示灯类的设置为银色边缘，这样便于辨别出按钮。最后，操纵器的造型设计，不仅要尺寸大小适当、形状美观大方、结构简单、操作舒适，而且要根据操纵器所处的位置和功能进行设计，尽可能避免驾驶员的误操作。例如操纵面板上的左右侧开关门按钮等，可以设置成内凹式，这样驾驶员在作业时不会随意用手臂碰到，并且在需要按下时有思考的时间。所有形状操控装置的形状边缘要设计为倒圆的棱角，并且最小化其凸出的数量，便于减小冲击和伤害。此外，控制器的外形、操作方式应该尽量保持一致，特别是在不同型号的轨道交通车辆中不应有大的变动，从而可以让驾驶员在换乘时不会有陌生感，防止其感到焦虑，从而保证驾驶作业的安全、舒适。

由于轨道交通操纵装置比较多，在进行布局时要根据重要性、使用频率、链值（重要度乘以频率）对操纵装置进行布置，同时还需要注意为了便于操作，可以按功能的相关性进行布局，并确保操纵装置的排列适合于使用时的逻辑顺序。此外，还要保证操纵装置的可达性，以操作为目的的操纵装置的可达性要高于系统维护。

操纵台中操纵装置和显示装置是不可分割的，因此在进行操纵装置的布局时，还需要综合全面地考虑两者之间的关系。在进行布局时要将操纵装置布置在与之相关的显示装置的下方或者侧面，保证驾驶员在操纵控制器时不会遮挡观察显示装置的视线。此外，还要全面衡量二者之间的位置，合理的位置可以帮助驾驶员判断操纵装置和显示装置之间的相互关系，即哪个操纵装置作用于哪个显示装置，哪个显示装置反映哪个操纵装置的状态。

从图 15-23 可以看出，两手的活动最大范围等于手臂的长度，横向1500 毫米，纵向 500 毫米，这是驾驶员在稍微弯腰的状态下双手的可达范围。而一般的左右手活动范围，横向长度约 1190毫米，纵向长度约在 390毫米，表示驾驶员可以在正常坐姿下的双手可达范

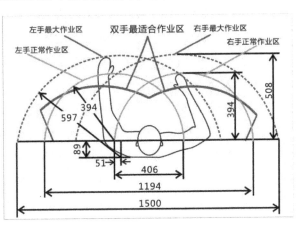

图 15-23 上肢水平面作业区域（毫米）

围。在考虑轨道交通车辆司机操纵台器件布局的时候，设计师在进行设计时要把常用的器件放置在推荐的最佳操纵范围内，即以肩关节为中心旋转半径 394毫米的弧形范围内，像司机控制器、制动器以及换向阀等器件，要确保在驾驶员坐姿正常下在双手的可达范围之内。由于驾驶员在车辆运行时，处于操纵和

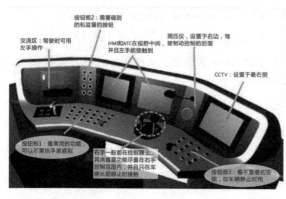

图 15-24 操纵台布局图

安全的需要，其右手需要一直放在司控器上，操纵时间一长非常容易造成疲劳。据调查，由于地铁驾驶室空间较高速列车小，所以有些车型的司控器距离操纵台边缘距离较近，司机在操纵司控器时，时间长了，就会造成手肘部悬空，从而增加了手肘和肩部的疲劳度，目前很多现有车辆操纵台都有这样的设计问题，例如广三线的操纵台。所以在设计时，应注意控制司控器的位置，在保证我国第 5 百分位的女性到第 95 百分位的男性都可以触碰的情况下，要加宽司控器距操纵台边缘的距离，或者从驾驶室座椅设计出发，使得驾驶员在操纵过程中，手肘得到一个合适的着力点，以缓解驾驶员的疲劳。此外，在设计时还要考虑到驾驶员在进行操纵时左右手的分工问题，以地铁为例，因为驾驶员的右手需要一直放置在司控器上，很多工作需要左手来独立操作完成。在考虑操纵台部件的布局时，尽可能地把常用按键放置在左边，图 15-24 给出了一个可以参考的设计。

15.2.3 操纵台整体设计

由于驾驶员需要长时间面对操纵台进行作业，因而要求其必须具备合理的形状和尺寸，尽量避免驾驶员肌肉、颈、背、腰、肩以及腕关节等疼痛的职业病等。为了适合我国驾驶员，操纵台的高度要设置在 720 ~ 750 毫米，并且为了让驾驶员更好地进行作业，操纵台台面应设置一定的倾角，与水平面之间的夹角以 5° ~ 18° 为宜。由于驾驶员在操作时大多以坐姿进行，因此坐姿下腿部的活动空间也是需要考虑的重点。此外，操纵台的设计要注意考虑维修人员，设计时要注意方便维修人员进行维修、检修工作，并确保维修工作的安全性，在设备检修维护时，应尽量减少拆除部件数量和难度。

在对操纵台进行设计时，必须要将座椅一起考虑，在有限的驾驶室空间中，合理布置座椅与操纵台的相对位置，结合座椅的调节量，将操纵台的显示装置以及操纵装置的布局达到最优化，直接关系到驾驶员操作作业的高效、安全、

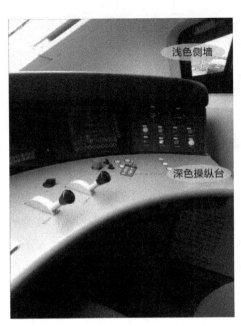

浅色侧墙

深色操纵台

图 15-25 动车组驾驶室内饰

舒适，避免驾驶员肌肉、颈、肩、背以及腕关节等的职业病。还要注意操作台材料以及颜色的选择，颜色对驾驶员的视觉工作以及视觉疲劳造成影响。

在颜色视觉中，人们能够根据色调、饱和度和明度的差别来辨别物体，即使物体的亮度和亮度对比并不很大，也能有较好的视觉条件，并且眼睛不容易疲劳。但是颜色不宜过分强烈，以免引起视觉疲劳。在选择颜色对比时，一般认为色调对比为主较合适，而亮度和彩度对比不宜过大。以动车组的设计为例，在操纵台的颜色选择上，可以在黑色色调的基础上通过黑度的改变而变换颜色，达到以色调对比为主的效果，并且由于驾驶室的工作特点，应该营造出庄严肃穆的气氛，不宜造成绚丽多彩的景象。同时，在驾驶室的内饰设计中，一般间壁柜以浅色为主，因而将操纵台设计为较暗的颜色，在浅色系背景中容易识别，并且有空间感，搭配侧墙和顶板的处于操纵台的暗色与间壁柜的浅色的中间过渡色，颜色的转换平缓，搭配协调，并未出现人眼感受极敏感的颜色，不易造成眼疲劳（图 15-25）。

在材料选择时，由于操纵台经常与驾驶员的皮肤接触，所以在设计时不应具有"冷金属"之感，操纵部件应当附着对于皮肤有舒适感的材料，或者装配有表面防寒面料，并且面漆和表面覆盖材料不应当反光以对乘务人员造成不便。目前，驾驶室操纵台常采用聚氨酯弹性体，其亚光的表面属于相对粗糙表面，反射光是"漫反射"，没有眩光，不刺眼，给人以稳重素雅的感觉。同时，亚光面与普通光面对比而言，亚光面的反射率更小，基本不会出现光线集中的情况，不会对乘务人员造成不便。

第16章 作业空间设计

16.1轨道交通工具驾驶室作业空间概述

作业空间是人操纵机器时所需的活动空间以及机器、被加工对象等所占有的空间总和。从大范围而言，作业空间的设计是把所需用的机器等按照人的操作需要进行合理的空间布置；从小范围而言，即由人操纵的机器而言，就是从人的需要出发，对机器等相对于操作者的位置进行合理的安排，创造出方便舒适的工作条件。本章主要从大范围上进行相应的研究。科学合理的作业空间在使操作者安全、舒适、方便操作的前提下，提高工作效率。作业空间设计要"以人为本"，充分考虑操作者的需要，在此基础上努力为操作者创造出既安全舒适，又经济高效的作业条件。[1]

轨道交通工具驾驶室的作业空间设计要以其中设施、设备的合理匹配为基本依据，驾驶室中的设施、设备包括驾驶员座椅、操纵台、电器柜、上下车门、逃生门、侧墙板、前窗、侧窗等设施和装置。由于驾驶员在作业时会采用坐姿和站姿交替进行，因此驾驶室的作业空间应当宽敞适度，其内部高度要保证驾驶员在站姿作业时不会碰到头部，并且与驾驶室顶板之间要留有足够的空隙，防止意外发生。同时，为了便于驾驶员的出入，脚和手都必须留有足够的活动空间。此外，驾驶室的门（包括逃生门）和上、下车的踏板，包括与此相关的位置都要确保驾驶员出入的安全和方便。[2]CRH5型动车组的驾驶室效果图（图16-1）以及驾驶室布置图（图16-2），展示了驾驶室的作业空间，包括座椅、操作台（包括显示装置以及操纵装置）、前窗、侧窗、电器柜、上下车门、逃生门的所在位置及之间的相对关系。

---

① 毛恩荣，张红，宋正河.车辆人机工程学[M].北京：北京理工大学出版社，2007.

② 王惠军.汽车造型设计[M].北京：国防工业出版社，2007.

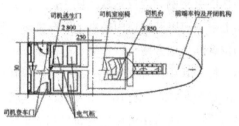

图 16-1 CRH5 型动车组
驾驶室效果图

图 16-2 CRH5 型动车组驾驶
室平面布置图

16.2轨道交通工具驾驶室作业空间布置设计

研究发现，车辆设计中驾驶员和乘员的空间设计是关系到人机之间是否协调的最大课题，目的是通过解决车室空间对驾驶员、乘员的人体尺度和生理、心理特征等的容纳和适应来达到"人—机—环境"系统整体性能的最优。轨道交通工具驾驶室的内部布置直接影响驾驶室内空间的合理性和驾驶员作业的舒适性。《铁路司机员工作压力与影响研究》[①]一文，通过实地调查发现，部分型号轨道交通工具"驾驶室拥挤且封闭"在前十大严重直觉工作压力源中排名第二位，由此可见作业空间设计与布置在轨道交通工具驾驶室的人机工程设计中占有重要地位，对驾驶室的空间舒适性和使用性有重要影响，因此设计师在进行驾驶室的作业空间设计前，要充分了解并考虑以下内容：

第一，轨道交通车辆的主要参数（包括性能参数和尺寸参数）、车体布置及结构形式。

不同的车型，其性能参数、尺寸参数、驾驶室的结构形式是有所区别的。以地铁为例，逃生门的位置不同，所以其操作台的位置、座椅的位置都是有所区别的。例如深圳地铁车辆（图 16-3），其逃生门的位置位于车头前脸中间，驾驶室中的主要操纵台在驾驶室右侧，副操纵台位于驾驶室左侧；而西安地铁车辆（图 16-4）的逃生门位于车头前脸一侧，所以其操作台位于驾驶室中的另一侧。还有些地铁车辆同高铁车辆的操作台位置是一样的，位于整个驾驶室

---

① 张新立，杨筑雅，吴晋光.铁路司机员工作压力与影响因素研究 [J].铁道学报，2005（2）：21-27.

前端中央，例如武汉地铁（图16-5），其不设有逃生门，在发生紧急情况时利用上下车门以及隧道内的逃生平台逃生。但无论位于哪边，操纵台相对于座椅的位置都必须方便我国驾驶员进行操作作业。再如高速列车，也是如此，车型不一样，其中的布局结构也是有所不同的，以CRH1型动车组（图16-6）与CRH2型动车组（图16-7）为例，同为高速列车但是其内部布局却并不相同。由图可见，两者座椅位置的布局相差很远，CRH1型车驾驶室中驾驶员座椅位于中线上，副驾驶员座椅为折叠椅，位于驾驶员右后方，而CRH2型车主驾驶员与副驾驶员的座椅设计完全相同，主驾驶座椅布置于接近中线处，副驾驶座椅位于略微右后方。因此，在进行轨道车辆驾驶室的设计时，一定要先了解整车的主要性能参数、尺寸参数、车体布置及结构形式，从而对驾驶室空间进行合理的布局安排。

图 16-3 深圳地铁　　　图 16-4 西安地铁　　　图 16-5 武汉地铁

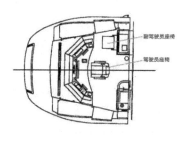  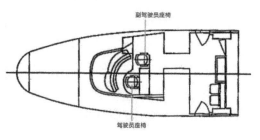

图 16-6 CRH1 型动车组驾驶室　　　图 16-7 CRH2 型动车组驾驶室

　　第二，基本的人体尺寸和人体作业空间。在进行我国轨道交通工具驾驶室布置设计时需要了解我国成年人人体尺寸以及作业空间，由于轨道交通工具驾驶室的作业空间为受限的空间，所以在了解人体尺寸的基础上进行空间布局，不仅可以合理利用十分有限的空间，而且可以使驾驶员的作业更加舒适，减少精神和心理的负担。此外，可以方便维护人员在驾驶室中进行快捷、安全的维修和检修作业。图 16-8

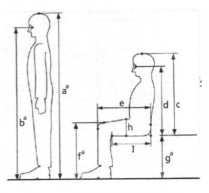

图 16-8 我国成年人人体尺度

及表 16-1 结合 UIC（International Union of Railways，国际铁路联盟）651 标准以及我国的成年人人体尺度列出了在轨道交通工具驾驶室布局时需要考虑的人体尺寸。

表 16-1 轨道交通驾驶室常用人体尺寸图及数据

	a	a^a	b^a	c	d	e	f^a	g^a	h	i
最小值	1484	1504	1391	809	695	515	476	403	112	421
最大值	1775	1800	1689	958	847	595	557	468	151	494

a=测量值，包括鞋底厚（男：25mm，女：20mm）

　　此外，还列出了需要考虑的作业空间，包括坐姿作业空间中的上肢作业空间（图 15-23）、腿部作业空间（图 16-9）、脚部作业空间（图 16-10）与立姿作业空间（图 16-11）供设计人员参考。

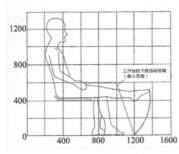

图 16-9 腿部作业空间

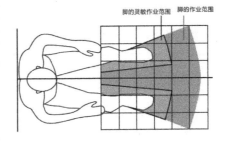

图 16-10 脚部作业空间

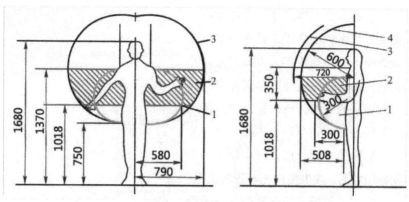

图 16-11 立姿作业区域（毫米）

在轨道交通工具驾驶室作业空间限定之后，需要对作业空间进行布置。在布置时需要按照以下原则进行：①

一是重要性原则。根据人、机之间所交换信息的重要程度设计产品，将最重要的设施布置在离操作者最近或最方便的位置，保证操作者对重要信息和操作的准确和效率。

二是使用频率原则。根据人、机之间信息交换的频率布置设施。将信息交换频率高的设施布置在距离操作者较近的位置，方便操作者的观察和操作。

三是功能原则。根据产品的功能进行布置，把具有相同或同类功能的设施布置在一定区域内，以便于操作者学习、记忆和管理。

四是使用顺序原则。根据人操作产品或观察显示器的顺序规律布置设施，可使操作者作业方便、高效。

在进行系统中各种设施布置时，需要综合考虑以上原则。通常，原则 1 和 2 主要用于作业空间中设施区域的定位，而原则 3 和 4 侧重于特定的某一区域中各设施的布置。有研究表明，按使用顺序原则布置设施，执行时间最短。

总之，在对轨道交通驾驶室内部作业空间设计时应采取"以人为中心"的设计思想，即在驾驶员处于舒适、正确的驾驶姿势时，驾驶室内的空间设计要达到以下标准：

---

① 吕杰锋，陈建新，徐进波. 人机工程学 [M]. 北京：清华大学出版社，2009.

第一，驾驶室内的空间尺寸设计要协调，达到对空间的最有效利用，驾驶员以及副驾驶在空间作业时舒适、安全，驾驶员能方便地接近驾驶室内的每一个部位，驾驶室的高度至少应为2000毫米，前窗玻璃到驾驶座椅身后最近的物体之间在驾驶室纵向上的最小距离为1500毫米。[①]

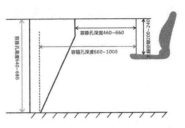

图16-12 容膝空间尺寸

第二，操纵台容膝空间设计合理。由于驾驶员在操作时大多以坐姿进行，因此坐姿下腿部的活动空间也是需要考虑的重点，便于驾驶员就座、作业以及在发生紧急情况时可以迅速撤离。根据图16-9中驾驶员腿部所需的活动空间，可以看到空间的高度不应低于580毫米，深度不应少于800毫米，在具

图16-13 操纵台设计示例图

体的设计中可以通过限制操纵台下方空间与调整座椅的方法来满足。设计师在进行设计时，一定要合理设计容膝空间，在进行设计时可以参考图16-12的数据，并结合车型的参数、国家标准进行取舍。同时在操纵台的造型设计方面，为了方便驾驶员可以自由坐进座椅，同时驾驶员的腿和膝盖也有足够的移动空间，并且保证驾驶员在站姿状态下的操纵作业，操纵台可以在中央区域设计一内凹区域（图16-13）。

第三，座椅位置设计合理。一个良好的轨道交通驾驶室座椅，在设计时不能只考虑座椅本身的舒适性，还要考虑到其座椅位置的合理性，方便驾驶人员可以对各种操纵装置能够方便、迅速、准确地进行操作，对各种信息显示装置进行及时、准确的认读。一般而言，驾驶室座椅的位置设计要满足以下几点：

一是确保座椅位置可以为驾驶员提供良好的视野。设计好的座椅安装位置要满足不同身高驾驶员的视野需求，需要确保驾驶员可以观察到距离缓冲器前端10m，位于轨道中心左侧或者右侧2.5m处的高处信号，以及距离缓冲器前

---

① 中华人民共和国国家质量技术监督局. GB06769-2000机车司机室布置规则[S].

北京：中国标准出版社，2000-10-25.

端15m位于轨道中心左侧或者右侧1.75m处的低处信号。由于个子高的驾驶员（第95百分位男子，身高1775毫米）不容易看到高处信号灯，所以其视野要满足当其驾驶位置调节到处于座椅最后最高处时，对信号进行观察，若在此位置能够看到信号，那么比其矮的驾驶员便都可以看到高处的信号。由于个子低的驾驶员（第5百分位女子，身高1484毫米）不容易看到低处信号灯，所以其视野要满足当其驾驶位置调节到处于座椅最前最低处时，对信号进行观察，若在此位置能够看到信号，那么比其高的驾驶员便都可以看到高处的信号。所以在对座椅进行位置设计时，要确保安装位置其调节量可以满足视野需求，如若不能，在座椅位置合理的情况下，可以对座椅的调节量进行重新设计。

二是确保驾驶员与操纵台有合理的位置。轨道交通驾驶室的驾驶员座椅首先要和操作台边缘之间留有一定的间距，可以允许驾驶员在站姿的状态下进行操作，并要确保在突发状况下驾驶员可以迅速撤离驾驶室，而腿部不会碰到司机台，对驾驶员造成阻碍和伤害；其次，必须能够保证驾驶员在就座后可以方便操作操控台的操纵装置，例如要确保驾驶员对操作台的手伸及性，确保驾驶员可以快捷准确地对按钮、操纵等装置进行操作和辨认；最后，还要保证驾驶员可以清楚地监控到操作台上的显示装置，方便根据驾驶情况做出相应的判断和记录。

三是确保驾驶员与脚踏板的合理位置。轨道交通驾驶室的驾驶座椅必须能够保证驾驶员在坐姿状态下能够舒适地踏上脚踏板并可以对脚踏板高度进行调节，以及对装置在脚踏板上的装置进行操作。实验结果表明，当踏板与水平面成15°～35°时，在这个角度范围内，不论脚处于自然位置还是处于伸直位置，脚均可以使出最大的力[①]。为了更好地对人体进行支撑以及使坐姿舒适，轨道交通驾驶室的脚踏板要设计有15°～25°的倾角。另外，座椅和脚踏板的位置要确保驾驶员可以轻松、自由地坐在座椅上，脚踏板的宽度和长度（至少大于GB10000第99百分位男子的脚长，即272毫米，考虑到穿鞋修正量，可以取280毫米）要适宜驾驶员的腿部和脚部可以自由出入。

第四，整车的人车视野协调，具有最佳视觉效果，门、窗玻璃相对于驾驶座椅的位置应使驾驶员操作时有良好视野。前窗玻璃位于驾驶台正前方，在设

---

① 鞠峰. 飞机驾驶舱人机工程设计研究 [D]. 西安：西北工业大学，2007.

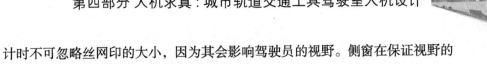

计时不可忽略丝网印的大小，因为其会影响驾驶员的视野。侧窗在保证视野的同时，最好可以满足驾驶员在遇到危险时逃生。

总之，轨道交通工具驾驶室的空间设计要达到空间宽敞、驾乘舒适和视野广阔的基本要求。在对门、窗、操纵台、电器柜、座椅布置设计时要以人体尺寸以及人的生理特性和心理特性等人机工程学的基本内容为依据，达到以人为本的协调布置。

第17章 相关交通工具驾驶室人机工程设计类比分析

17.1 与汽车驾驶室人机工程设计类比分析

　　汽车驾驶室人机工程学是人机工程学的重要分支，国外对该范畴的研究始于20世纪50年代，美国在进行了大量的测绘分析和基础研究后推出了很多标准，截至目前，仍有些继续被国际标准组织延用，例如三维H点装置、眼椭圆等车身布置工具。之后，随着计算机辅助设计技术的发展，汽车人机工程又一次获得了质的飞跃。从1998年开始，许多国外的汽车厂商将人机工程学理论运用于计算机，开发了数字化的人体模型，帮助汽车人机工程的设计。目前常用的人机分析软件有Jack，Ramsis以及我们比较熟悉的Catia。总之，人机工程学在汽车驾驶室中的应用发展比较成熟，这无疑为轨道交通车辆驾驶室的人机设计提供了一些方法，具有借鉴意义。

17.1.1 与汽车驾驶室的环境与作业空间类比分析

　　就环境而言，汽车与轨道交通工具具有很高的相似性。尤其是轻轨、高速列车以及磁悬浮，其光环境与汽车驾驶室极为相似，都会受到自然光环境以及人工光环境的影响。不同的是，对于高速列车而言，风对列车的影响远远大于雨雪天气，因为轨道交通的轨道上往往都设有雨量安全监控系统，比如，轨道上的积水超过300毫米深时，将不适合列车运行，列车便会自动停止。由于与钢轨的摩擦生热，钢轨本身不会积雪，道岔以及接触网都有自动融雪装置，不会对列车的高速运行带来干扰。而汽车由于其行驶道路的缘故，雨雪天气会出现车轮打滑的现象。除了地下运行的轨道车辆外，所处的自然环境与汽车是一样的，都要面对一年四季不同的季节以及气候。在人工环境中，前照灯对驾驶室光环境的影响，轨道车辆和汽车驾驶室都需要考虑这点。就运行环境而言，汽车和轨道交通在运行途中会存在暗适应的情况，例如都有进入隧道的情况，驾驶员需要面对突然变暗的环境，在仪表照明设计方面，轨道交通仪表可以参考汽车仪表进行设计。即便在夜间行驶，两者也很相似，汽车在夜间行车，驾驶员一般不开车内的辅助灯，只在停车及上、下车以及需要时才会开启，轨道交通车辆也是如此。在进行操作时，虽然轨道交通驾驶室有顶棚灯，但是由于驾驶室外光线强度差，所以为了避免在前窗玻璃上形成镜像，从而影响驾驶员的视觉，所以不开，有需要的话驾驶员可以开启阅读灯，此灯亮度比较小，对驾驶员的影响比较小。另外，虽然轨道交通中有很多按钮、旋钮等操纵装置，驾驶员的手一般是要放在司控器、停车制动手柄上的，而且按钮大都有背光灯，即使在暗环境下也不影响操纵。对于热环境，轨道交通驾驶室内的热环境与汽车驾驶室的热环境有许多相同的特点，都受到环境温度、风速、相对湿度、平均辐射温度等因素，驾驶室都是在随时移动的，受外界不同区域、天气状态的影响很明显，车窗所占的比例较大，易受太阳直射、热负荷大等特点。然而，对于热舒适性环境的要求都是一样的，都可以通过对空调系统的调节，来达到人体舒适的温度。不同的是，在操纵汽车期间，可以通过打开车窗调节气温，而对于轨道交通车辆，则是全封闭式。就噪声环境而言，由于轨道交通工具行驶在轨道上，噪声涉及轮轨噪声，而汽车采用橡胶轮胎，其噪声与地面的平坦有关，较轨道交通而言一般噪声较小。空气动力性噪声，对于高速列车、地铁、轻轨、磁悬浮其行驶速度以及体积远大于汽车，所以对空气动力性噪声的控制要比汽车更要更加严格，但在设计上都要达到驾驶员听力保护的标准。对于振动环境，与噪声环境一样，都非常复杂，影响的因素很多，在进行设计时要分清原因，针对不同的振源采取不同的措施。

就空间而言，汽车驾驶空间比轨道交通工具驾驶室空间狭小。首先，就车体本身体积而言，决定了轨道交通工具驾驶室空间要大于汽车驾驶室空间。其次，在汽车驾驶时驾驶员所需进行的操纵作业比较简单，其操纵装置以及按键都比轨道交通工具少很多，因而也决定了其空间要比轨道交通工具小。再次，目前大部分轨道交通工具驾驶室的设计虽然大都可以满足驾驶员单人操纵的需求，但在驾驶时必须要有副驾驶员一同参与完成操纵任务，而汽车驾驶员则基本都是单人完成操纵作业，只在主驾驶员疲劳休息时需要副驾驶员替换工作。汽车驾驶员都只需要采用坐姿进行，而轨道交通车辆驾驶员则需要采取站姿、立姿交替作业，因此后者的工作空间必须要满足站姿操作的空间。最后，轨道交通工具属于公共交通的一部分，其载客量很大，所需的设备很多，配电柜等都放置在驾驶室，所以也注定了在设计时后者的空间大。

17.1.2 与汽车驾驶室的座椅与操纵台类比分析

在座椅设计方面，由于汽车座椅人机设计起步早，发展成熟，人体二维模型则是在汽车人机工程发展中出现的，而且驾驶座椅都需要满足不同身高驾驶员的需求，所以有很多方法值得轨道交通驾驶员座椅设计时借鉴和参考。例如，借鉴汽车人机工程中 H 点、SRP 点的方法，可以确定驾驶员在座椅的位置，在进行轨道交通工具驾驶室操纵台、座椅设计及三维模拟时都需以此展开进行。因为只有在确定驾驶员在座椅的位置，才可以合理准确地设计出座椅的高度、前后、高低调节量，并且对于靠背、扶手等的确定都十分必要，而座椅的设计也关系到操纵台设计的舒适、合理性，例如操纵台高度、容膝空间以及显示装置和操纵装置的排列等问题。在 UIC651 标准附录中，对 H 点、SRP 点也都有所借鉴，设计师在进行轨道交通车辆驾驶室座椅设计时也可以参考 SAE（Society of Automotive Engineers，美国汽车工程师协会）J826 标准中的一些方法。另外，由于汽车尤其是私家车的发展极为迅猛，伴随着越来越多的国外汽车品牌进入中国市场，其人机设计的舒适性、合理性对于汽车的销量十分重要，因此座椅的人机设计也一直是汽车领域的重点，其在舒适性上的一些设计方法也可以借鉴到高速列车驾驶室中来，例如座椅采取排汗的材料，坐垫、靠背弹性等的设计，均可借鉴。

在操纵台的设计上，汽车的显示装置与操纵装置相对于轨道交通列车都比较少，汽车的视觉显示装置以仪表为主，包括速度显示仪表和油量显示仪表。听觉显示装置则以音响、广播等为主。而轨道交通工具驾驶室中，视觉显示装置以显示屏、指示灯为主，包括车辆监控显示器、ATP 显示器等，常见的仪表包括气压表和速度显示仪表。听觉显示装置，同样要比汽车驾驶室多，包括广播、无线手持通话机、紧急蜂鸣装置、麦克风等。视觉显示装置中的仪表可以借鉴汽车仪表进行设计，因为其行驶环境等都有所相同，例如仪表的照明、指针等的设计，都可以借鉴汽车仪表进行。在手控操纵装置的设计上，轨道交通车辆和汽车最大的不同就是轨道交通是通过轨道的铺设来引导车辆的运行，不需要方向盘来控制左右或者是转弯，只需要前进或者后退。而汽车则不同，驾驶员通过方向盘的操纵来确定车辆的走向。因此，轨道交通驾驶室最重要的司控器采用操纵杆的形式，上面可以集成牵引、方向以及制动等功能，而汽车的方向盘上则集成喇叭、转向灯、车速锁定等功能，汽车的操纵杆主要是挡位选

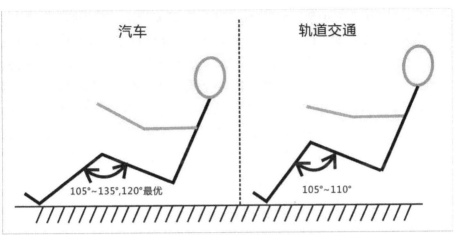

图 17-1 汽车与轨道交通驾驶员作业坐姿比较

（a）汽车驾驶室　　　（b）轨道交通工具驾驶室

图 17-2 汽车与轨道交通工具驾驶室比较

择功能。汽车的脚控操纵装置非常重要，包括离合器、油门以及刹车操纵装置，汽车驾驶员在操纵时需要经常操作，结合驾驶员的坐姿，以及操纵时需要的操作力，一般加速踏板用脚掌，其尺寸相对较大；离合器和制动器踏板采用脚悬空、脚掌踩踏，踏板的尺寸相对较小，为了满足驾驶时脚控装置需要达到的作用力，大、小腿的夹角以 105° ～ 135° 为宜，其中 120° 时最优[①]。而轨道交通的驾驶室中脚控操纵装置只有警惕装置，其作用只是为了防止驾驶员睡觉或

---

① 毛恩荣，张红，宋正河等. 车辆人机工程学 [M]. 北京：北京理工大学出版社，2007.

者发生意外，在操作时所需的蹬力较小（图 17-1）。另外，由于汽车驾驶室的空间有限，并且作业比较简单，为了合理布局，充分利用狭小的空间，因此驾驶员周围常设计有一些按键等装置，便于驾驶员操作时的手伸及性以及操作的便捷性，并且位置都较低，在操作时不会造成肌肉的酸痛。而轨道交通工具驾驶室操作比较复杂，具有较多的按钮、旋钮以及开关等装置，大部分布置在操纵台水平面板上，也有些例如空调、喇叭等按钮布置在侧面板上，对于有些设置逃生门的地铁车辆等，还要充分利用操纵台的左右以及上下面板，合理布置按钮等操纵装置（图 17-2）。

17.2 与飞机驾驶室人机工程设计类比分析

美国和日本是运用人机工程学进行飞机驾驶舱设计比较早的国家，至今仍处于领先地位。美国的人机工程理论研究开始于二战期间，并首先应用于军事上，其后随着航空产业的发展，更是将人机工程学理论应用到驾驶舱的设计中。

17.2.1 与飞机驾驶室的环境与作业空间类比分析

飞机驾驶室所处光环境的照度变化范围非常宽泛，跨度可达 10 ~ 12 个数量级，包括从漆黑夜间到夏天正午阳光的直射等。驾驶室内空间狭窄，设备分布紧凑，在相同的舱外光照下，舱内不同部位照度也会出入 300~800 倍[1]。而飞行员交替观测舱内、外情况的周期正常只有几秒，乃至一秒[2]。轨道交通驾驶室的光环境与之相比，其所处的光环境并没有飞机这样的宽泛变化，外界光环境变化则随着天气、季节、气候等变化，内部中无论是仪表、显示器，还是照明灯都没有飞机复杂。总体而言，轨道交通驾驶室的光环境比飞机也要简单容易很多。轨道交通在夜间驾驶时，光环境会受到前照灯的影响，而飞机的灯较多，包括着陆灯、滑行灯、航行灯、防撞灯以及探冰灯，其中着陆灯在飞机起飞、着陆时用以照亮机场跑道，滑行灯用于照亮飞机滑行前方跑道和滑行道，这两类灯对于驾驶室的光环境会有所影响。

[1] 航空标准化编辑部.飞机座舱照明的工程心理分析与工程设计实践 [J].航空标准化与质量，1980（S5）.

[2] BOYNTON R M，MILLER N D.Visual performance under conditions of transient adaptation[J].Illuminating Engineering，1963，58：541-550.

（a）飞机驾驶室　　　　　　　　　（b）轨道交通工具驾驶室

图 17-3 飞机与轨道交通工具驾驶室比较

对于热环境而言，飞机在操纵途中完全是全封闭式的，飞行在高空中舱外的气温与舱内差别很大，所以热环境的调节同轨道交通一样，也主要依靠空调系统。振动和噪声不论对于飞机还是轨道交通都比较复杂，而且飞机的情况比轨道交通工具更为复杂，在运行中飞机主要受到气流、气压、空气动力的影响，而轨道交通除了受到空气动力的影响，还会受到地面轨道的影响，涉及的因素颇多，本书不做论述。作业空间方面，飞机的驾驶舱较为狭小，其中仪表、显示屏布置很多，一般为双人驾驶，自动化程度也高，在保障驾驶员操纵作业的前提下，其操纵、仪表都要合理布置在驾驶员的手伸及范围内，有效合理利用空间，尽可能为驾驶员创造一个舒适、健康的驾驶环境。与轨道交通工具驾驶室空间不同，其显示、仪表众多，造成其空间布局比轨道交通更为紧凑，除了利用驾驶员正前方空间、左右空间，还要利用驾驶舱上部空间布置和排列仪表，飞机驾驶员一直采用坐姿进行作业，而轨道交通工具显示装置和操纵装置的布置，主要排布操控台面板上，驾驶室顶板主要装置为顶棚照明灯，驾驶员作业采取坐姿和站姿交替进行。

17.2.2 与飞机驾驶室的座椅与操纵台类比分析

飞机驾驶员在进行作业时所需要面对的压力比轨道交通驾驶员更大。简单地说，从显示装置和操纵装置的数量比较（图 17-3）上就能感觉到，另外就是飞机光环境的范围变化很大，尤其在阴雨天等情况更是，所以驾驶员需要在很短的时间内适应光环境的变化，做出正确的决定和正确的操纵，其心理压力、精神压力都非常大。所以为了缓解驾驶员的心理压力以及确保驾驶员工作的安

全、舒适,其驾驶座椅的设计必须更为严格和舒适,每个座椅都要对应相应的脚踏装置或者说脚蹬装置,其作用是控制方向舵以及刹车,因此要确保驾驶员在座椅上操作脚蹬装置的用力,还要协调座椅与中央操纵杆、侧式操纵杆以及油门杆等主要操纵装置的位置,还需保证驾驶员的视野,可以看到周围飞机的航行灯等。

在座椅的舒适性设计上面,轨道交通驾驶室的座椅设计可以借鉴飞机驾驶舱座椅的一些设计方法以及一些使用的材料,但是也要注意其区别,轨道交通驾驶员脚控装置只有警惕装置,这点与飞机不同,飞机的脚踏板是飞机操纵的主要装置,控制飞机方向舵以及刹车,脚踏装置的形状以及形式有所不同,在座椅上所需的操纵力是不一样的,所以注定座椅的设计有所区别。飞机驾驶员一直采用坐姿姿势进行操作,而轨道交通驾驶员则是站姿、坐姿交替进行,所以座椅设计也会有所不同。另外,座椅设计同样与作业空间有关,由于飞机操纵采用坐姿进行,再加上作业空间的高度,并且为了保证大腿、小腿的用力,所以座高与轨道交通座椅相比要低。这一点,飞机驾驶员座椅设计与汽车十分相似,所以在进行轨道交通驾驶室座椅设计时可以借鉴飞机驾驶座椅、汽车驾驶座椅的设计优点,也要注意其中的区别,从而使轨道交通的座椅设计更加舒适,并满足驾驶员安全驾驶的要求。

操控台的设计方面,目前,由于轨道交通列车的不断提速,并且随着电子设备的不断运用,驾驶室中的显示器、操纵控制装置越来越多,导致人机间的信息交流急剧增多,驾驶员的认知负荷不断增大,与飞行员相比,二者之间具有一些共同点。首先在作业中都需要同时注意若干个信息源。其次,由于这些信息源与整体目标的相关程度不同,所以要对有限的主要资源进行合理分配。最后,驾驶员在操作方面都有时间限制,一旦出错往往会带来严重的后果,因此驾驶员承受的心理压力都比较大。①所以在进行显示装置与操纵装置合理布局时,可以借鉴飞机驾驶室一些优化布局的方法。飞机驾驶室中的控制台与轨道交通不同,轨道交通控制台都为桌面式的,并且主要以正前方为主,左右两侧为辅。而飞机驾驶舱中,控制台分布在前方、头顶上方座椅左右两侧以及两

① 李洋,徐伯初.情景意识理论及其在机车人机界面设计中的应用 [J].人类工效学,
2010,16(4):44-47.

个座椅中间，并且正前方的操纵方式与汽车有些类似，而左右以及中间的控制台采用水平面式。显示装置的布置，都要将最重要的显示器以及仪表，布置在驾驶员最舒适的视区内，由于飞机一般为双人操纵，所以在布置上与轨道交通车辆驾驶室会有所不同。由于飞机所处的光环境变化较大，而驾驶员需要观察的显示器、仪表以及指示灯很多，要做出决定的时间很短，所以在飞机上对仪表、显示器以及指示灯的设计有更为严格和细致的设计，在轨道交通驾驶室设计时可以借鉴，例如显示器色彩的搭配借鉴、仪表照明设计的借鉴等。

在操纵装置的布置上，轨道交通操纵杆主要装置都布置在操控台水平面板上，司控器、停车制动手柄，要布置在距离驾驶员手控作业最舒适的区域，而飞机驾驶舱将最主要的方向舵操纵杆安置在驾驶员正前方，以保证驾驶员协同脚踏装置控制飞机的左右以及仰俯，油门操纵杆一般位于两个驾驶座椅中央的操控台上，左右侧操控台上则有控制前轮转弯的操纵杆。操纵杆的数量及位置、功能区别较大，但是都要遵循布置在驾驶员最适宜的工作范围内的准则。值得注意的是，与汽车类似，飞机的脚踏装置是操纵中必不可少的操纵装置之一，有着十分重要的作用和地位，而轨道交通脚控装置则不具有控制列车运行的功能，只是为了防止意外发生，确保驾驶员没有出现睡觉或者意外的情况，保证乘客安全。

17.3 与船舶驾驶室人机工程设计类比分析

国内外对船舶人机工程进行的研究远不及在车辆以及航空航天领域的投入，船舶驾驶室方面更是如此，人机工程学理论在这一范畴的应用还有待加强。[44] 国外对船舶人机工程的研究工作开展较早。与轨道交通驾驶室相比，船舶驾驶室更为复杂，以往船舶的驾驶操作要依靠团队的力量才能得以完成，团队成员包括指挥员、操舵手、瞭望员、车钟手、通讯员等作业人员，而目前，随着科学技术的发展，自动化程度已经非常高，实际操作人员只需要一两名，但由于其航行距离及速度等的影响，一般需要多名人员轮岗，与轨道交通驾驶室有着很大的不同。另外，船舶驾驶室的位置与轨道交通车辆非常

[44] 王帅旗．船舶驾驶室布置人机工程设计及其应用 [D]．哈尔滨：哈尔滨工程大学，2012．

不同，有些船舶驾驶室靠近船尾，而有些靠近船头，轨道交通车辆驾驶室则位于列车最前端。

（a）船舶驾驶室　　　　　　（b）轨道交通工具驾驶室

图 17-4　船舶与轨道交通工具驾驶室比较

就环境而言，船舶受到自然环境的影响要远大于轨道车辆，例如暴风雨、大雾天气等对船舶航行影响很大，光环境的影响同轨道交通驾驶室一样，都要受到自然光环境以及人光环境的影响，在进行设计时都需要从这两方面考虑。就热环境而言，同样都要通过空调系统等达到驾驶员舒适的温度。

就作业空间而言，船舶驾驶室空间比轨道交通驾驶室空间大很多，驾驶室中操纵装置、显示装置以及控制台的数量都比轨道交通工具驾驶室多很多。与轨道交通驾驶室类似，作业空间都要满足驾驶员坐姿以及站姿的工作需求。船舶驾驶室十分宽敞，所以驾驶员的作业空间与轨道交通驾驶员相比更为舒适，在心理上对驾驶员造成的压迫感十分少，而轨道交通驾驶室在设计时要设计出比较大的前窗玻璃，在满足驾驶员视野需求的前提下，更可以营造舒适的作业空间，增加驾驶室的空间感，以减少驾驶员的心理压迫感，确保驾驶员的心理健康。

现代船舶驾驶室的综合控制台包括七个工作站，分别是导航与操纵工作站、监视工作站、人工舵工作站、航海计划工作站、安全工作站、通讯工作站以及入坞工作站，大多采用"一"字形布置方案。为了保证工作站所要求的视线范围，工作站不能设在紧贴窗户的地方，而轨道交通驾驶室操纵台则紧挨窗户布置（图 17-4）。在驾驶座椅的设计上，轨道交通驾驶室与船舶有很大不同。轨道交通驾驶员主要以坐姿进行作业，所以座椅的舒适性十分重要，而船舶驾驶

员的操纵作业则全部以站姿进行，为了能够让驾驶员在作业中稍事休息，在驾驶室中会设置一把固定座椅，但是为了防止驾驶员睡觉，座椅的设计并不舒适，因为其仅仅提供偶尔调节的作用。另外，为了保证驾驶员在坐姿状态下的视野需求，座椅的设计会略高于轨道交通驾驶室座椅，所以在轨道交通驾驶室座椅功能设计、舒适性等设计方面，船舶驾驶室座椅借鉴意义不大。

轨道交通驾驶室操纵台与船舶驾驶室操纵台有相似之处，都以实际台体的形式存在，并且操纵与显示装置都集中布置在上面。不同的是，由于船舶驾驶室空间较大，而且需要以站姿进行作业，所以为了保证驾驶人员的安全，在台体都设置横杆，可以方便驾驶员的抓握，以确保驾驶员在作业中的安全。另外，由于作业姿势的不同，所以两者在高度等的设计上会有所不同。但是在操纵装置以及显示装置的布置方面，由于船舶操纵装置以及显示装置的数量很多，要确保操纵装置以及显示装置的合理性实属不易，所以在轨道交通车辆驾驶室操纵台布置方面可以借鉴一些优化布置的方法。

设计实践：地铁驾驶室人机设计

1. 座椅与操控台设计

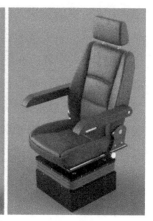

图 17-5、17-6、17-7 驾驶室座椅设计

图 17-8、17-9 驾驶室操纵台设计

图 17-10、17-11 驾驶室座椅与操纵台

2. 设计人机验证

驾驶员立姿信号视野验证

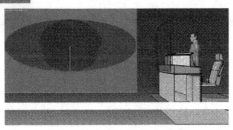

图 17-12 驾驶员立姿信号视野验证

驾驶员操纵台视野验证

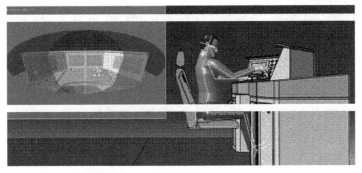

图 17-13 驾驶员操纵台视野验证

驾驶员手伸及性验证

图 17-14 驾驶员手伸及性验证

参考文献

[1] 徐伯初.轨道交通车辆造型设计 [M].北京：科学出版社，出版时间：2012.

[2] 李建国.城市轨道交通系统概论 [M].北京：机械工业出版社，2012.

[3] 吕刚.城市轨道交通车辆概论 [M].北京：清华大学出版社，2011-6-1.

[4] 连苏宁.轨道交通车辆构造 [M].北京：机械工业出版社，2011-3-1.

[5] 赵洪伦.轨道车辆结构与设计 [M].北京：中国铁道出版社，2009-3-1.

[6] 郭小碚，郭文龙，张江宇.中国城市及城市轨道交通发展与规划 [M].北京：中国铁道出版社，2006.

[7] 张峻霞，王新亭.人机工程学与设计应用 [M].北京：国防工业出版社，2010.

[8] 毛恩荣，张红，宋正河.车辆人机工程学 [M].北京:北京理工大学出版社，2007.

[9] 丁玉兰.人机工程学 [M].北京：北京理工大学出版社，2005.

[10] 谢庆森，黄艳群.人机工程学 [M].北京：中国建筑工业出版社，2005.

[11] 吕杰锋，陈建新，徐进波.人机工程学 [M].北京：清华大学出版社，2011.

[12] 云鹏，建筑光环境模拟 [M].北京:中国建筑工业出版社，2010.

[13] 刘秉琨.环境设计人体工程学 [M].上海：上海人民美术出版社，2007.4.

[14] 王昭俊等.室内空气环境 [M].北京：化学工业出版社，2005.

[16] 阮宝湘等.工业设计人机工程 [M].北京：机械工业出版社，2010.

[18] 董建明.人机交互：以用户为中心的设计和评估 [M].北京：清华大学出版社，2007

[19] 金伯利·伊拉姆（Elam K.）.设计几何学：关于比例与构成的研究 [M].北京：知识产权出版社，2003-8-1.

[20] 彭妮·斯帕克（Sparke P.）．设计经典译丛：设计与文化导论 [M]．南京：译林出版社，2012-8-1．

[21] 徐恒醇．设计美学 [M]．北京：清华大学出版社，2006-07-01．

[22][日] 杉浦康平．造型的诞生：图像宇宙论 [M]．北京：中国人民大学出版，2013-4-28．

[23] 刘友梅，陈清泉，冯江华等．中国电气工程大典 [M]．北京：中国电力出版社，2009．

[24] 毛保华．城市轨道交通 [M]．北京：科学出版社，2001．

[25] 张曙光，CRH5 型动车组 [M]．北京：中国铁道出版社，2008：171 ~ 172．

[26] 路志良．空气动力学 [M]．北京：北京航空航天大学出版社，2009-8-1．

[27] 维克多·帕帕奈克（Victor Papanek）．为真实的世界设计 [M]．北京：中信出版社，2012-11-30．

[28][美] 诺曼．情感化设计 [M]．北京：电子工业出版社，2005-05-01．

[29] 石晓惠．基于人机工程学的工程车辆驾驶室舒适性研究 [D]．长春：吉林大学，2011．

[30] 王帅旗．船舶驾驶室布置人机工程设计及其应用 [D]．哈尔滨：哈尔滨工程大学，2012．

[31] 丁磊．中国高速动车 VIP 座椅人机尺度分析与造型设计研究 [D]．重庆：西南交通大学，2011．

[32] 陈龙娇．跨座式单轨车辆车体内部人机工程设计分析研究 [D]．重庆：重庆交通大学，2010．

[33] 向泽锐．现代有轨电车车身造型设计研究 [D]．四川：西南交通大学，2009．

[34] 潘小栋．基于剧本导引设计法厨房套刀设计研究 [D]．2009．

[35] 夏敏燕．剧本导引法研究 SOHO 族使用的多功能一体机研究 [D]．2005．

[36] 鞠峰．飞机驾驶舱人机工程设计研究 [D]．西安：西北工业大学，2007．

[37] 孙铭鏊．高速列车驾驶室光环境研究 [D]．北京：北京交通大学，2012．

[38] 闫锋，叶彬等．铁路客车车体结构的回顾与展望 [J]．轨道车辆，2014，51（12）．

[39] 余德章 . 剧本导引：资讯时代产品与服务设计新法 [J]. 田园城市，2001.

[40] 林辉亮 . 剧本导引法——工业设计教学的新方法 [A]，海峡两岸高等职业（技职）教育研讨会论文集 [C].

[41] 李建国 . 城市轨道交通系统概论 [J]. 北京：机械工业出版社，2012-3-1.

[42]JonhthanCagan，Carig M. Vogel. 辛向阳，潘龙译 . 创造突破性产品 [M]. 北京：机械工业出版社，2004.

[43] 毛峡，薛雨丽 . 人机情感交互 [M]. 科学出版社，2011-07.

[44][美] 加瑞特 . 用户体验要素 [M]. 机械工业出版社，2011-07-01.

[45][美] 穆德亚尔 . 赢在用户 [M]. 机械工业出版社，2007-08-01.

[46] 古斯塔夫·勒庞（Gustave Le Bon）. 乌合之众：大众心理研究 [M]. 北京：中央编译出版社，2004.

[47] 邵莉 . 浅谈城市轨道交通现状及未来发展策略 [J]. 北方交通，2012：96-98.

[48] 黄荣贵，赵炳强等 . 环境因素对驾驶员生理、心理特性的影响 [J]. 人 - 机 - 环境系统工程学术会议研究进展，2003（6）：262-267.

[49] 智野贞弥等 . 客车车内噪声 . 国外铁道车辆 [J]，1986（4）：38-41.

[50] 崔卫民，薛红军，宋笔锋 . 飞机驾驶舱设计中的人因工程问题 [J]. 南华大学学报，2002.

[51] 张新立，杨筑雅，吴晋光 . 铁路司机员工作压力与影响因素研究 [J]. 铁道学报，2005（2）：21-27.

[52] 李洋，徐伯初 . 情景意识理论及其在机车人机界面设计中的应用 [J]. 人类工效学，2010，16（4）：44-47.

[53] 航空标准化编辑部 . 飞机座舱照明的工程心理分析与工程设计实践 [J]. 航空标准化与质量，1980（S5）.

[54] UIC651-2002 国际铁路联盟 .OR- 机车、车辆、动车组和带仪表台拖车的司机室布置 [S].2002.

[55] 中华人民共和国建设部 . GBIT 7928-2003 地铁车辆通用技术条件 [S]. 北京：世界轨道交通，2004.

[56] 中华人民共和国国家质量技术监督局 .GB06769-2000 机车司机室布置

规则 [S]. 北京：中国标准出版社，2000-10-25.

[57] 国家技术监督局 .GB13547-92 工作空间人体尺寸 [S]. 北京：技术标准出版社，1989.

[58] 国家技术监督局 .GB 10000- 88 中国成年人人体尺寸 [S]. 北京：技术标准出版社，1989.

[59]IDEO.IDEO Method Cards:51Ways to Inspire Design（Cards）.IDEO，2003.

[60]BOYNTON R M，MILLER N D.Visual performance under conditions of transient adaptation[J].Illuminating Engineering，1963，58:541-550.

[61]Wilson J R，Norris B J.Rail human factors：Past，present and future[J]. Alllied Ergonomics，2005，36（6）:649-660.

[62] Daniel Simon. Cosmic Motors: Ships，Cars and Pilots of Another Galaxy[M]. [S.1]：Design Studio Press，2008.

[63] 中国铁路网：http://www.railway.net.cn/

[64] 欧洲铁路网：http://www.railfaneurope.net

[65] 中国北车集团网：http://www.chinacnr.com

[66] 中国南车集团网：http://www.csrgc.com.cn/

[67]Zhang，L.，Helander，M.G.，Drury，C.G.. Identifying factors of comfort and discomfort in sitting.Hum.Factors，1996，38（3）:377-389.

[68]Human-Cen tered System Architecture:Galvao A. and Sato K.，2004[36] AKIRA，SHNOMIYA.Recent Researches of Human Science on Railway System[J]. Qr of Rtri，2002，43（2）.

[69]Jean Charles Pichant. HS Standards in Europe—towards a more harmonised and efficient railway system［R］. Paris：1st Workshop on Global Standards for High Speed Rail Systems，2010.

[70]Kiyohiro Takemoto. Japanese Standards for High Speed Rail Systems［R］. Paris：1st Workshop on Global Standards for High Speed Rail Systems，2010.

后 记

学习工业设计十年，实践工业设计十年，这二十年的理论学习和设计实践使我更加懂得了"活到老、学到老"的古训，故一直以来都抱着谦卑和敬畏的心态在学习设计和实践设计。因为我深知，要想把设计做好，必须跟相关行业紧密结合，必须扎根所设计的领域。

2006 年博士毕业后，我就想进入轨道交通行业从事工业设计，当时觉得未来中国的轨道交通工具必将会快速发展，走向世界。当完成最基本的技术积累后，我觉得轨道交通工具的竞争力就来自于设计。后来又在大连交通大学设计学院和武汉理工大学交通工具设计系从事相关教学和科研工作，其间跟上海南济轨道科技有限公司、中车株洲电力机车有限公司有些设计项目的合作，上述种种使得自己一直有个轨道交通工具设计理论研究的情结。

近年来，随着"中国制造 2025"等相关国家规划和政策的出台，工业设计迎来了新的发展机遇。但是我们也不能过分夸大工业设计的作用，在轨道交通工具领域我觉得用户研究、人机工程和形象设计等理念和方法是能充分应用的。所以自 2010 年起，我开始思考轨道交通工具设计研究的理论框架，并分成不同的子课题供研究生选择，同时安排他们到南车、北车集团实习、工作，与相关技术开发人员进行沟通和交流等。本书就是上述工作的成果，书稿虽已完成，但内心仍诚惶诚恐，毕竟在这个领域自身实践太少，只能在纸上谈兵的基础上尽量结合自己其他领域的设计实践经验，剧本导引设计法出现在书中即源于此。

书稿成文之际，更加怀念我已经毕业的研究生们，本书就是在冀丽俊、侯梅梅和张秋惠的硕士毕业论文基础上，进行整合、完善而成。跟他们在一起的日子我开心而富足，他们让我体会到了做教师不一样的成就感，使我懂得了如何为人的专业导师。认真的丽俊、逗趣的梅梅、精怪的秋惠、健壮的金国、执着的秀志、温柔的万莉、善感的颖珠、体贴的敖莹、倔强的王蒙、耿直的建美、慎言的周超、勤奋的素芬，设计之路有他们相伴，真的很美！

　　感谢家里的三个美女对我一直以来的支持和包容，使我能够专心于自己喜欢的设计事业，人生之路对你们亏欠太多，希望我能做得更好，永远爱你们！

　　希望本书的付梓能起到抛砖引玉的作用，希望有更多的设计师能关注和进入轨道交通工具设计领域，毕竟它是我们衣食住行中非常重要的一环，也是现在和未来中国制造的全球名片之一。

作者

2017 年 4 月于南湖畔